Infância apócrifa do Menino Jesus

SÉRIE COMENTÁRIOS AOS APÓCRIFOS

- *A vida secreta dos apóstolos e apóstolas à luz dos atos apócrifos*
  Jacir de Freitas Faria
- *História de Maria, Mãe e apóstola de seu filho, nos evangelhos apócrifos*
  Jacir de Freitas Faria
- *Apócrifos aberrantes, complementares e cristianismos alternativos – Poder e heresias!*
  Jacir de Freitas Faria
- *Infância apócrifa do Menino Jesus – Histórias de ternura e de travessuras*
  Jacir de Freitas Faria

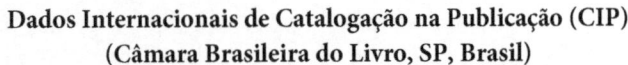

Dados Internacionais de Catalogação na Publicação (CIP)
(Câmara Brasileira do Livro, SP, Brasil)

Faria, Jacir de Freitas
  Infância apócrifa do Menino Jesus : histórias de ternura e de travessuras / Jacir de Freitas Faria. –Petrópolis, RJ : Vozes, 2010. – (Série Comentários aos Apócrifos)

Bibliografia

3ª reimpressão, 2025.

ISBN 978-85-326-2427-7

1.Evangelhos Apócrifos 2. Jesus Cristo – Infância – Biografia I. Título. II. Série.

10-09138   CDD-229.8

Índices para catálogo sistemático:
  1. Evangelhos Apócrifos : Jesus Cristo :
     Infância : Biografia   229.8
  2. Jesus Cristo : Infância : Biografia :
     Evangelhos Apócrifos   229.8

Jacir de Freitas Faria

Infância apócrifa do Menino Jesus

Histórias de ternura e de travessuras

EDITORA
VOZES

Petrópolis

© 2010, Editora Vozes Ltda.
Rua Frei Luís, 100
25689-900 Petrópolis, RJ
www.vozes.com.br
Brasil

Todos os direitos reservados. Nenhuma parte desta obra poderá ser reproduzida ou transmitida por qualquer forma e/ou quaisquer meios (eletrônico ou mecânico, incluindo fotocópia e gravação) ou arquivada em qualquer sistema ou banco de dados sem permissão escrita da editora.

CONSELHO EDITORIAL	PRODUÇÃO EDITORIAL
Diretor	Anna Catharina Miranda
Volney J. Berkenbrock	Eric Parrot
	Jailson Scota
Editores	Marcelo Telles
Aline dos Santos Carneiro	Mirela de Oliveira
Edrian Josué Pasini	Natália França
Marilac Loraine Oleniki	Priscilla A.F. Alves
Welder Lancieri Marchini	Rafael de Oliveira
	Samuel Rezende
Conselheiros	Verônica M. Guedes
Elói Dionísio Piva	
Francisco Morás	
Teobaldo Heidemann	
Thiago Alexandre Hayakawa	

Secretário executivo
Leonardo A.R.T. dos Santos

Editoração: Fernando Sergio Olivetti da Rocha
Diagramação: AG.SR Desenv. gráfico
Capa: André Gross e Omar Santos

ISBN 978-85-326-2427-7

Este livro foi composto e impresso pela Editora Vozes Ltda.

A todas as crianças do Colégio Santo Antônio e Colégio Frei Orlando.

Aos meus sobrinhos-netos Ana Laura e Pedro Henrique.

Às secretárias Andréia, Daniele, Rosa, Kátia, Dora, Janaína, Cláudia, Ana Flávia, Cristiane e Viviani.

A todos os professores e professoras que dedicam suas vidas à construção do ser e do saber de nossos estudantes, de modo especial: Ângela Marques, Renata, Cátia, Lílian, Alvânia, Adriana Faria, Adriana Arrieiro, Alessandra, Ana Carolina, Ana Cássia, Ana Maria, Ana Paula, Angelina, Andréia Carvalho, Guimarães, Tom Zé, Beatriz, Carla Ferreti, Carla Righi, Carlos, Carlucci, Cláudia Rossi, Cleide, Cristiane Salles, Cristiane Noronha, Denise, Diva, Elza, Élcio Coutinho, Emerita, Enilda, Felipe, Fernanda, Flávia Simone, Flávia Behrens, Gilson, Giovana, Gilson Oliveira, Helton, Hebert, Jeanete, Jorge, Estevam, Júlio, Lucas, Luciana Behrens, Luciana Castro, Luiz Marcelo Fernando, Marcelo Barbosa, Márcia Lima, Maria Amélia, Bernadete, Cária, Maria Gallo, Carminha, Tuca, Maria José, Mariana, Marina, Marisa Fenati, Chopinho, Mírian, Myriam, Nadja, Neide Noronha, Neide Tarciso, Nilo, Norma, Patrícia Torres, Patrícia Miranda, Patrícia Massud, Paula Moura, Paula Regina, Paulo Wanner, Pedro, Rafael, Regina, Renata, Rita, Robson, Rodrigo Araújo, Rodrigo Vasconcelos, Rogéria, Rogério Janot, Rogério Jardim, Rosana, Sandra Helena, Sandra Mara, Sérgio Miguel, Sílvia, Simone Pádua, Simone Junqueira, Sinéder, Soraya, Suzana, Tânia, Valéria, Wanda, Rosa, Cláudia Paiva, André Gustavo, Eustáquio Gomes, Geraldo, Flora Souza, Gedeon, Gilda, Gisele, Hebe, Ília, Jane Aparecida, Jane Moura, Joel, Márcia Cozzi, Marcos Araújo, Marcos Prado, Adelaide, Loca, Maria Aparecida, Maria Cecília, Maria Clara, Cláudia Brant e Mariângela Sarsur, Audrey, Cristina Teixeira, Fabiana Vidigal, Lauren, Maria Angélica, Cristine, Chico, Marcos Aliro, Gracinha, Lourdinha, Miguel, Nina, Kafunga e Tiago Luiz.

Sumário

Prefácio, 9

1 Os apócrifos da infância: conteúdo, relação com os evangelhos canônicos da infância e contexto, 11

2 Jesus conta a história da sua família, do seu nascimento, da circuncisão e fuga para o Egito, 21

3 Nascimento de Jesus nos evangelhos canônicos da infância e nos complementos apócrifos, 38

4 Jesus não nasceu em Belém, 44

5 No Egito: ternura e proezas do bebê e Menino Jesus, 49

6 Jesus foi ou não ao Egito? Seu sentido teológico, 68

7 De passagem por Belém, 72

8 A caminho de Nazaré, 80

9 As travessuras do Menino Jesus, 88

10 Milagres e curas do Menino Jesus, 95

11 Seu poder de matar e ressuscitar, 105

12 Inteligência e sabedoria do Menino Jesus, 118

13 Adolescência e juventude de Jesus, 134
14 A modo de conclusão, 141
Referências, 153

Prefácio

Ao abrir estas páginas de ternura e de travessuras do Menino Jesus, você, caro(a) leitor(a), está convidado a fazer uma aventura: mergulhar no mundo fantasioso das histórias ou "historinhas", caso queira chamá-las assim, do Menino Jesus. Prepare-se bem e não se deixe envolver pelo seu lado trágico. Leia simplesmente com a sabedoria de quem as produziu. Para ajudá-lo(a) nesse percurso, atente para algumas informações que oferecemos sobre a literatura apócrifa, da qual elas foram recolhidas e cuidadosamente entrelaçadas, de modo que você tenha uma visão linear da história do Menino Jesus.

Contar a história do Menino Jesus de forma acessível, pastoral, a partir da fé dos cristianismos perdidos, para desvendar curiosidades jamais sanadas no imaginário do cristão de ontem e de hoje, eis o objetivo deste nosso ensaio e, por que não dizer, de seus autores. Tivemos o cuidado de traduzir, recolher e organizar as histórias sobre o Menino Jesus conforme o tema de cada uma delas e no percurso do nascimento, infância e adolescência dele no Egito e em Israel. Da sua juventude encontramos somente um relato, o do enterro do seu pai terreno, José.

Com o objetivo de manter o(a) leitor(a) no imaginário da vida pueril de Jesus, optamos por nos referir a Jesus sempre com o título de "Menino Jesus". No entanto, os originais apócrifos se referem a ele ora como criança, ora como rapaz, mas, na maioria das vezes, com os títulos de Jesus, Senhor Jesus, Senhor Deus, Filho de Deus, etc. Essa titulação refere-se ao momento histórico da redação dos textos, quando os cristãos estavam procurando registrar a fé em Jesus, o adulto, que ora caminhava para se tornar dogma. As narrativas apócrifas da infância nasceram no paralelo das definições do cristianismo que se tornava hegemônico, dentre tantos cristianismos, ou visões de fé acerca de Jesus.

Duas perguntas básicas inspiraram, ao longo de séculos, os autores – pessoas e comunidades –, na elaboração dos apócrifos da infância de Jesus: *Como Jesus se comportou na sua infância? De onde Ele veio, pois tudo o que Ele diz acontece?* Esta última pergunta encontra-se, inclusive, registrada em um dos apócrifos da infância. Somente uma leitura atenta de todos os apócrifos da infância poderá nos dar uma possível resposta a elas. É o que procuramos fazer na compilação dos vários relatos. Tivemos a preocupação de ser o mais fiel possível aos originais. Não fizemos conjecturas, nem ficção, apenas comentários. Os textos já falam por si mesmos.

Você, caro(a) leitor(a), encontrará aqui histórias de ternura e de travessuras de um menino humano e divino. Uma criança exemplar, esperta, brincalhona, cheia de vida, travessa como tantas crianças do seu tempo, mas com um diferencial: ela era Deus e tudo podia.

Frei Jacir de Freitas Faria, OFM
www.bibliaeapocrifos.com.br
bibliaeapocrifos@bibliaeapocrifos.com.br

1

Os apócrifos da infância: conteúdo, relação com os evangelhos canônicos da infância e contexto

O que são os apócrifos? Esse termo nos remete a 140 livros que não entraram na lista dos livros inspirados, conhecidos como Bíblia ou Bíblia canônica, isto é, os livros que as tradições judaicas e cristãs consideraram como inspirados. Ela é composta de 39 livros para os judeus e 73 para os cristãos, sendo que os cristãos de tradição evangélica aceitam somente 66. Infelizmente, essa mesma tradição de fé, que selecionou os livros bíblicos, encarregou-se de cunhar de apócrifos aqueles que não entraram na lista oficial. Assim, esse termo passou a significar falso, não inspirado, secreto, escondido. Nós preferimos, seguindo um caminho ecumênico, considerá-los como vozes alternativas, complementares ou aberrantes em relação ao cristianismo que se tornou hegemônico[1], legitimando literatura canôni-

---

1. Para um estudo introdutório aos apócrifos, de modo crítico e histórico, sugerimos a leitura do nosso livro *Apócrifos aberrantes, complementares e cristianismos alternativos: poder e heresias* – Intro-

ca, a oficial, isto é, selecionada ao longo de séculos. Os apócrifos alternativos são aqueles que mostram formas alternativas de apresentar o cristianismo ao mundo daquele tempo. Os complementares, que são a maioria dos apócrifos, completam dados ou reforçam o cristianismo hegemônico. Já os aberrantes são aqueles que exageram na visão ou na apresentação de dados sobre Jesus.

A literatura apócrifa se formou num contexto de poder e heresias. O ponto de partida do cristianismo que se tornou o oficial, hegemônico, foi o da fé na ressurreição de Jesus. Esse cristianismo, tido como o apostólico, solidificou-se, mais tarde, chamado de Igreja Católica Apostólica Romana. Para que isso fosse possível, o cristianismo vitorioso, dentre outras ações, conseguiu eliminar os outros modos de conceber o cristianismo, sobretudo aqueles cognominados por nós de aberrantes, complementares e alternativos; utilizou tradições apócrifas complementares em seus dogmas de fé; determinou a lista dos livros inspirados; fundamentou, nos canônicos e na tradição apostólica, a fé em Jesus, humano, divino e trinitário.

Dentre os oitenta e oito apócrifos do Segundo Testamento, oito tratam da infância de Jesus. Os apócrifos da infância não são muitos, mas tiveram um papel importante na trajetória do cristianismo que se tornou hegemônico, seja complementando-o, seja apresentando histórias aberrantes em torno do Menino Jesus. A maioria dos apócrifos da infância é aberrante.

dução crítica e histórica à bíblia apócrifa do Segundo Testamento. Petrópolis: Vozes, 2009.

Na verdade, todos eles convergem para um mesmo ponto, demonstrar o poder do Menino Jesus, sua divindade e sua humanidade. Enquanto os líderes do cristianismo hegemônico colocavam na pauta do dia a divindade e a humanidade de Jesus adulto, outros cristãos criavam histórias sobre a infância do Menino Jesus, de modo a ficar claro que não bastava aos cristãos saberem que o Jesus adulto fizera milagres, era divino e filho de Deus, mas que esses mesmos poderes divinos já estavam com Ele desde o seu nascimento e, sobretudo, na sua infância. Ademais, ele era um menino travesso como tantos outros do seu tempo, humano como os humanos, mas também poderoso nas ações, milagreiro e até malvado.

A datação desses apócrifos tem um largo espaço de tempo na história. Ela vai do ano 170 ao 850 da Era Comum (E.C.)². Um apócrifo pode complementar as informações do outro ou repercutir entre outros cristãos as tradições que ele relata. Por isso, temos um evangelho árabe da infância, outro armênio e ainda um outro latino.

Escritos na Palestina ou no Egito, os apócrifos não deixam de reforçar que o nascimento de Jesus se deu de forma virginal. A ida do Menino Jesus ao Egito é longamente descrita. Ali, ele viveu e demonstrou, ainda na sua pequenez, o poder de Deus que estava com ele. Quantas curas e milagres ele não deixou de realizar! Quantas travessuras ele não deixou de aprontar! O

---

2. Usamos as terminologias Era Comum (E.C.), antes da Era Comum (a.E.C.), Primeiro Testamento (PT) e Segundo Testamento (ST) por questões de razão ecumênica com os nossos irmãos judeus.

divino e o humano se encontraram nele. Sendo assim, Ele só podia ser Deus! A sua ida ao Egito não é mera questão teológica ou simples lembrança da comunidade de Mateus. Mais adiante veremos como esse fato é elucidado pelos apócrifos.

Os apócrifos da infância são[3]:

1. Evangelho da infância de Tomé. Escrito por volta do ano 170, esse evangelho retrata a infância de Jesus, dos cinco aos doze anos. Jesus é um menino travesso, cheio de poderes, milagreiro, malvado e arrogante. Todos tinham medo dele, pois podia matar e ressuscitar. Jesus é matriculado em uma escola, mas não precisa estudar, pois sabia mais do que o seu mestre. O livro trata também da preexistência de Jesus. Um dos seus professores afirmou: *"Talvez este menino tenha existido antes da criação do mundo"* (6,8-9).

2. Protoevangelho de Tiago. Escrito no ano 200, esse apócrifo, também conhecido como *Papiro de Bodmer*, por pertencer a uma biblioteca que leva este nome, ou de *Protoevangelho da natividade de Maria*. A maior parte do seu conteúdo figura em torno a Maria, seu importante papel na história do cristianismo, tendo como base as tradições judaicas do Primeiro Testamento. Em relação à infância do Menino Jesus, esse livro conta como foi o seu nascimento virginal numa gruta em Belém, a perseguição de Herodes que desembocou na matança de inocentes, o fato de Isabel esconder numa

---

3. As informações que se seguem sobre esses apócrifos, bem como o seu contexto histórico, estão melhor explicitadas em nosso livro *Apócrifos aberrantes, complementares e cristianismos alternativos: poder e heresias*. Op. cit.

rocha o bebê João Batista, primo do Menino Jesus e seu futuro precursor na missão, a morte de Zacarias, etc.

3. Evangelho do Pseudo-Mateus. Esse apócrifo, datado do ano 350, conta o nascimento de Maria e a infância de Jesus. A tradição o atribuiu ao evangelista Mateus, que o teria escrito em hebraico e, depois, São Jerônimo o traduziu para o latim. O texto foi atribuído também a Tiago Menor, daí a afirmação de que esse apócrifo pode ser uma versão do Protoevangelho de Tiago. Todas essas indicações de autoria são hipotéticas. O título posterior atribuído a esse manuscrito de Pseudo-Mateus significa que ele é de um falso Mateus. Esse evangelho teve forte influência na literatura e na arte da Idade Média. A sua versão latina está situada entre os anos 600 a 620 da E.C. Em relação ao Menino Jesus, o texto conta como foi o seu nascimento na gruta de Belém, sua viagem e estadia no Egito, e até o momento em que José recebe o aviso para retornar para a Palestina. O Menino Jesus é soberano, todo-poderoso, no Egito e por onde passa.

4. História de José, o carpinteiro. A datação desse apócrifo é, provavelmente, do ano 380. Bagatti, no entanto, por considerar dados das comunidades judaico-cristãs, propõe o século II. O local da redação do original grego seria o Egito. O livro trata propriamente sobre a história de José, narrada por Jesus aos apóstolos, de forma carinhosa, no Monte das Oliveiras. José é apresentado como esposo carinhoso de Maria e pai terreno de Jesus. É notório o modo como Jesus fala de sua encarnação, da escolha de seus pais terrenos, do seu nascimento na gruta de Belém, da sua fuga para o Egito e retorno para a Palestina.

5. **Evangelho secreto da Virgem Maria.** A história desse apócrifo está estreitamente ligada a Etéria, mulher que desafiou o seu tempo, final do século quarto e início do quinto, indo como peregrina à Terra Santa. Em seu livro *Itinerário*, ela colocou como apêndice esse evangelho, o qual teria recebido de presente, em Belém, de um monge grego, companheiro de São Jerônimo. Em relação à infância de Jesus, esse apócrifo narra a relação maternal de Maria com o seu filho, a quem ela ensina a responsabilidade, questões da cultura judaica em relação à mulher, e conta como foi a viagem, a fuga para o Egito. Maria afirma que o Menino Jesus era lindo, igual a todas as crianças, mas ao mesmo tempo diferente. Brincava como todos, mas ria mais que todos, era um líder entre as crianças. Não gostava de brincar de matar romanos ou de atirar pedras em ninhos de passarinho, como faziam as outras crianças judias.

6. **Evangelho armênio da infância.** Esse apócrifo do século VI traz pormenores da concepção de Maria. É dito que ela concebeu do Espírito Santo pela orelha. Maria é considerada a nova Eva, a nova mãe da humanidade. É Eva mesma quem dá a notícia a Salomé: *"Te dou uma boa e feliz notícia: uma terna donzela acaba de trazer um filho ao mundo sem ter conhecido varão algum"* (9,3). Esse evangelho relata o nascimento de Jesus, a visita dos magos e a reação de Herodes. Jesus menino faz travessuras. Esse apócrifo termina com um diálogo entre o Menino Jesus e dois soldados sobre a sua origem divina.

7. **Evangelho árabe da infância.** Datado do início do século VI, esse evangelho narra as peripécias e milagres do Menino Jesus no Egito, sua permanência no

Templo de Jerusalém entre os doutores da lei. O Menino Jesus é apresentado como conhecedor das letras, sem necessidade de frequentar uma escola. Ele, já desde pequeno, apresenta sua capacidade de fazer milagres, ensinar e até mesmo de matar quem lhe fizesse mal. O *Evangelho árabe da infância* termina dizendo que, quando o Menino Jesus completou doze anos, ele parou de revelar os seus segredos e poderes divinos, até que completasse os trinta anos.

8. Evangelho latino da infância. Trata-se de um manuscrito, datado entre os séculos VII ao IX, que complementa dados da infância de Jesus, narrados nos evangelhos do Pseudo-Mateus e da infância de Tomé. *Evangelho latino da infância* conta que, quando o menino nasceu, uma grande e forte luz surgiu de um silêncio profundo, que tomou conta da gruta, onde estava Maria, com suave e doce perfume. Os raios dessa luz transformaram-se, assemelhando-se às formas de uma criança.

A compreensão dos evangelhos apócrifos da infância está diretamente relacionada com os evangelhos canônicos de Marcos, Mateus, Lucas e João, sobretudo com os cognominados *Evangelhos da infância*, mais precisamente Mt 1–2 e Lc 1–2.

Os evangelhos canônicos são coletâneas não biográficas da vida de Jesus. Eles começam pelo evento pascal, a paixão, morte e ressurreição de Jesus, embora esses relatos estejam no final de cada um deles. Redacionalmente, somente mais tarde é que a comunidade se preocupou em dizer algo sobre o nascimento e a infância de Jesus. Os extratos antigos dos textos mostram isso.

Marcos, Mateus e Lucas, também chamados de evangelhos sinóticos, por apresentarem versões diferenciadas de narrativas sobre Jesus, devem ser lidos a partir dos seus capítulos finais, que tratam da paixão, morte e ressurreição de Jesus. É a partir desses acontecimentos que Jesus foi aos céus para voltar. As comunidades se lembraram dos milagres de Jesus como manifestação de sua divindade. Só mais tarde é que elas se preocuparam com a sua concepção virginal.

Basicamente, o movimento ocorreu da seguinte forma: a divindade de Jesus se confirma na fé na sua Parusia (Ele voltará), na sua ressurreição, no seu batismo no Jordão e, por fim, no seu nascimento virginal. Desse modo, as narrativas canônicas da infância são uma releitura do evento ressurreição[4]. Sendo assim, as comunidades dos evangelhos apócrifos da infância de Jesus tiveram um campo fértil para se lembrar ou criar histórias sobre o Menino Jesus, procurando demonstrar sua humanidade e divindade desde tenra idade. Polêmicas não faltaram entre cristãos durante a composição dos canônicos e, posteriormente, dos apócrifos. O evangelho da infância de Tomé, no ano 170, iniciou essa discussão. No início, dizer que o Menino Jesus era igual a tantas crianças do seu tempo não foi visto como um problema tão sério. A questão é que, em séculos posteriores (IV e VI), tendo sido definida em dogma a divindade de Jesus, o acento, de forma aberrante, dos apócrifos da infância na humanidade do Menino Jesus tornou-se problemático. Como o divino Menino Jesus poderia usar a sua divindade para matar outras crianças?

---

4. Cf. ANDERSON, A.F. & GORGULHO, G. *O evangelho da infância*. São Paulo: Cepe, 1993, p. 11.

Isso só poderia ser considerado uma heresia, um pensamento completamente diferente do oficial.

O bispo de Constantinopla Nestório, em 428, chegou a negar a divindade do Menino Jesus. Já outro seu contemporâneo e também de Constantinopla, Êutiques, defendeu que a natureza de Jesus era somente divina[5]. Em 451, o Concílio de Constantinopla decretou o dogma da Trindade, as duas naturezas de Jesus em uma só pessoa. A partir desse fato ficou encerrada a discussão sobre a humanidade e divindade de Jesus. Nasce, assim, a semente de uma nova religião, que mais tarde se tornaria poderosa, o islamismo, bem como outros escritos apócrifos da infância.

Paralelamente às questões da humanidade e divindade do Menino Jesus, surge a devoção mariana, que também aparece nos evangelhos da infância. O papel de Maria na história do cristianismo entrou na pauta do dia. A atuação de Maria como mãe de Deus, Jesus, vai ser discutida até se transformar, no III Concílio de Éfeso (431), em dogma, que afirmou ser ela a mãe de Deus (*Teotokos*). Mais tarde, um outro dogma, o da virgindade de Maria, foi proclamado no II Concílio de Constantinopla, em 553.

Mais do que respeitar as formas de pensar dos apócrifos da infância, vale a pena tomar conhecimento do conteúdo dessa literatura, que passaremos a apresentar a seguir, de forma linear, em uma compilação de to-

---

5. Cf. FARIA, J.F. *Apócrifos aberrantes, complementares e cristianismos alternativos: poder e heresias.* Op. cit., p. 146.

das as informações apócrifas de que dispomos sobre a infância do Menino Jesus[6].

6. Não se assuste, caro(a) leitor(a), com a forma entrelaçada dos textos. Fizemos isso como opção didática para a sua compreensão dos apócrifos da infância. Intencionalmente, não acrescentamos conjecturas ficcionais aos textos, mas simplesmente os respeitamos, na medida em que eles se complementam, mesmo sendo de épocas diferentes. Lembre-se de que a memória oral transmitida, no tempo antigo, eram informações que circulavam livremente.

2

Jesus conta a história da sua família, do seu nascimento, da circuncisão e fuga para o Egito

O adulto Jesus de Nazaré, certa feita, reuniu os seus discípulos, no Monte das Oliveiras, para contar a história de seu pai, a quem Ele mesmo intitulou de idoso, sábio, justo e carpinteiro de profissão. Recordando-se do que ouvira falar de seu nascimento e de seu tempo de criança, Jesus contou muitas histórias de seus pais para os apóstolos. Sobre sua infância, disse-lhes: *"Eu, de minha parte, desde que minha mãe me trouxe a este mundo, estive sempre submisso a ele (José) como um menino, e fiz o que é natural entre os homens, exceto pecar. Chamava Maria de 'minha mãe' e José 'meu pai'. Obedecia-lhes em tudo o que me pediam, sem ter jamais me permitido replicar-lhes com uma palavra, mas sim mostrar-lhes sempre um grande carinho"*[1].

---

1. Cf. "História de José, o carpinteiro", 11,2. In: *São José e o Menino Jesus*. Petrópolis: Vozes, 1990 [trad. de Lincoln Ramos]. A nossa tradução é livre e considera outras traduções e outros livros.

Os apóstolos tiveram o cuidado de escrever o que ouviram de Jesus em um livro que levou o nome de *História de José, o carpinteiro*[2]. Esse livro, segundo a tradição, foi guardado com cuidado na biblioteca de Jerusalém.

A história de meu pai, de meus irmãos e de minhas irmãs

José, meu pai segundo a carne, com quem se casou na qualidade de consorte com minha mãe, Maria, esteve unido em um santo matrimônio, anteriormente, com uma mulher que lhe deu filhos e filhas, quatro homens e duas mulheres, cujos nomes dos filhos eram Judas, Josetos, Tiago e Simão; suas filhas chamavam-se Lísia e Lídia. Quando sua esposa morreu, Tiago era ainda um menino de tenra idade. Os seus filhos já estavam quase todos casados. Quando meu pai casou-se com minha mãe, vendo a triste condição de órfão de Tiago, ela o cobriu de carinhos e cuidados. Esta foi a razão pela qual a chamavam Maria, a mãe de Tiago.

Quando meu pai morreu, eu tinha 18 anos. Ele morreu no dia 26 do mês de Epep – data advinda do calendário copta, equivalente ao nosso dia 20 de julho, do ano 42 E.C. Ele estava enfermo. O desempenho de seu ofício já não era o mesmo. Ele se esqueceu de comer e de beber. Rezei muito por ele. Minha mãe estava ali, aos seus pés, como uma santa mulher. Meus irmãos e minha mãe choraram muito. Eu também não pude conter as lágrimas e me pus a chorar. Eu mesmo entreguei a sua alma para Deus. Naquela hora, despedi a todos,

---

2. Do qual apresentamos neste capítulo, de forma resumida, algumas informações sobre os pais de Jesus, seu nascimento e a fuga para o Egito.

derramei água sobre o corpo de meu pai José, ungi-o com bálsamo e dirigi ao meu amado Pai, que está no céu, uma oração celestial, que eu tinha escrito com meus próprios dedos antes de encarnar-me nas entranhas da Virgem Maria.

Ainda no leito de morte, meu pai José se recordou e me pediu perdão por ter me puxado a orelha, dizendo-me, naquela época: *"Não sejas imprudente, meu filho"*[3]. *Eu era acusado de causar a morte a outras crianças. Uma criança morreu por causa de uma picada de uma serpente e eu fui acusado de causador de sua morte. José reconheceu que aquilo era calúnia, pois eu, ainda criança, usando de misericórdia, também ressuscitava. E foi o que eu fiz com aquele menino picado pela serpente*[4].

A história de minha mãe

Minha mãe era uma boa e bendita mulher entre todas. Viveu nove anos no Templo de Jerusalém, como consagrada, servindo a Deus em grande santidade. Os outros três anos, antes de completar a idade do casamento, vivera com os meus avós, Joaquim e Ana. Os sacerdotes do templo cuidaram de arrumar um casamento para ela, pois não podia tornar-se mulher no templo e ser causa de um pecado grave para eles. E foi assim que o meu pai José foi escolhido para ser o seu esposo. Na época, ele tinha 90 anos, e ela quatorze. Minha mãe não teve outros filhos. Depois de dois anos de minha morte, voltei e levei minha mãe para o céu,

---

3. Cf. "História de José, o carpinteiro", 17,13. Op. cit.
4. Cf. ibid., 4,4; 11,2; 15,2; 18,1; 25.

onde a coroei rainha do céu. Ela não morreu, mas dormiu. Ela foi a primeira dos mortais que ressuscitou[5].

O dia em que meu avô Joaquim morreu

No *Evangelho secreto da Virgem*, Maria conta como foi a reação do Menino Jesus diante da morte de seu pai Joaquim e avô de Jesus. *"Quando morreu meu pai Joaquim, não fazia muito tempo que estávamos instalados em Nazaré. Apenas alguns meses. Creio que Jesus já havia completado seis anos. Estava na idade em que as crianças gostam de saber o porquê das coisas. Ele, que tinha sempre um sorriso nos lábios, estava pela primeira vez diante da morte. Ficou muito tempo olhando, atônito, o avô morto. Tanto tempo ele esteve assim que eu e minha mãe, Ana, nos demos conta de que algo estranho estava acontecendo com ele e temermos que para seu espírito sensível e cheio de vida pudesse vir a ser um duro golpe a contemplação tão direta da morte. Aproximei-me dele e, com suavidade, tirei-o da sala onde estava o cadáver de seu avô. 'Não chores', disse-lhe. 'O seu avô descansa no Sheol, o lugar dos mortos, e ali espera junto com o patriarca Abraão a redenção que Yaveh lhes concederá algum dia'. Apenas lhe disse isto e ele se virou para mim. Seu rosto estava iluminado, como quando descobrira algo que lhe trazia muita alegria e vinha correndo me mostrar, para que eu também me deleitasse: 'O momento da ressurreição está próximo', afirmou. 'O avô é um justo e não tardará em ser admitido no céu, que não tem nada a ver com o Sheol de que falam*

---

5. A narrativa em primeira pessoa é nossa e não se encontra em "História de José, o carpinteiro". Op. cit. A história completa de Maria nos apócrifos encontra-se em nosso livro *História de Maria, mãe e apóstola de seu Filho, nos evangelhos apócrifos*. 2 ed. Petrópolis: Vozes, 2006.

na sinagoga.' 'E tu, que sabes disso?', perguntou-lhe minha mãe, que ouvira interessada a resposta do menino. 'Quem te falou da ressurreição, se nem todos de nosso povo acreditam nisso, e nós sequer sabemos como será? O que daria eu para ter certeza de que meu Joaquim descansa em paz e poderá desfrutar logo a presença do Altíssimo!' Aquela foi a primeira vez que disse a palavra crucial, a primeira vez que se referiu a Javé, a Deus, como seu Pai. A princípio não nos demos conta porque, como sabes, João, tinha outros significados. O equívoco só seria desfeito mais tarde. Respondeu à minha mãe, com sua eterna calma, como se fosse a coisa mais natural do mundo: 'Avó, quem me disse isso foi meu pai. E também me disse que o avô Joaquim está bem e não devemos sofrer por ele. Disse-me que está vivo'.

Aquilo foi demais para Ana, que se pôs a chorar e teve que sair. Então peguei o menino e o apertei contra mim. Sentei-me à sua frente, de forma que meu rosto ficasse quase à altura do seu. Olhei-o fixamente nos olhos enquanto segurava seus ombros e lhe perguntei: 'José te disse que teu avô está vivo? José falou da ressurreição dos mortos?' 'Não, José não', respondeu. 'Foi meu Pai.' E se soltou dos meus braços para sair à rua, correr com seus primos que o estavam chamando"[6].

O dia do meu nascimento

Quando minha mãe tinha quatorze anos, eu, Jesus, Vossa Vida, vim habitar nela por meu próprio desejo. Meu pai, quando voltou de um trabalho de carpintaria, estando três dias fora de casa, deparou-se com a minha

---
6. Cf. MARTIN, S. *O evangelho secreto da Virgem Maria*. São Paulo: Mercúrio/Paulus, 2004, p. 104-105.

mãe grávida. Ele teve medo e quis abandoná-la, mas o meu Pai enviou o Anjo Gabriel, que lhe explicou tudo e ele compreendera o acontecido e admitiu minha mãe consigo. O Anjo Gabriel lhe disse: *"José, filho de Davi, não tenhas cuidado em admitir Maria, tua esposa, em tua companhia. Saberás que o que foi concebido em seu ventre é fruto do Espírito Santo. Darás, então, à luz um filho, a quem tu porás o nome de Jesus. Ele apascentará os povos com cajado de ferro"*[7].

E Maria, minha mãe, trouxe-me ao mundo de um modo misterioso, que ninguém entre toda a criação pode conhecer, com exceção de mim, meu Pai e o Espírito Santo, que formamos uma unidade. Eu nasci quando meus pais retornavam de Belém, perto do túmulo de Raquel, a mulher do patriarca Jacó, a mãe de José e Benjamim. O meu pai tinha ido com minha mãe a Belém, por causa de um recenseamento, que ordenara o Imperador Augusto[8].

Ao aproximar-se o momento do nascimento de Jesus, segundo a tradição apócrifa no dia 20 de maio do ano 5500 depois da criação do mundo[9], o sol estava começando a se pôr, Maria disse a José que sua hora havia chegado e que não poderia ir até a cidade. Ela propôs que eles entrassem em uma gruta. José saiu para procurar uma mulher que assistisse o parto de Maria.

---

7. Cf. "História de José, o carpinteiro", 5–6,2. Op. cit.

8. Cf. ibid., 7. A ida a Belém se justifica pelo fato de que, quando José se casou com Maria, eles moraram pouco tempo em Belém, tendo que se mudar para o norte, Nazaré, por causa de seu trabalho de carpinteiro. Na época, José levou consigo, além de Maria, os dois filhos mais novos, Tiago e Simeão. Os seus outros filhos já eram casados e permaneceram em Belém.

9. Cf. CLEMENTE DE ALEXANDRIA. "Vida de Adão e Eva", 42. In: *Stromata* 121, 145.

Quando José chegou com a parteira, de nome Zelomi, o sol estava se pondo, mas o local resplandecia com uma claridade que superava a de uma infinidade de labaredas e brilhava mais do que o sol do meio-dia. Eles entraram na gruta e viram uma criança enrolada em fraldas, deitada numa manjedoura, mamando no seio de sua mãe Maria. Ambos ficaram surpresos com o aspecto daquela claridade, e a anciã disse a Maria: "*És tu a mãe desta criança?*"[10] Ela também disse: "*Eu te rendo graças, ó Deus, Deus de Israel, porque os meus olhos viram a natividade do Salvador do mundo*". E Zelomi teve o Menino Jesus em seus braços. Ele não pesava como as crianças recém-nascidas. Era leve e radiante, e não chorava. O Menino Jesus sorriu para a parteira[11]. Ele não tinha manchas de sangue no corpo[12].

Maria louvou a Deus pelo fato de seu filho ser diferente de todas as crianças do mundo[13]. E ela o tomou no colo e lhe disse: "*Te amo e dou graças a Deus por ter-te comigo. Não foi fácil e passei muito medo. Porém, agora, que estás aqui, dou tudo por bem-feito. Quase diria, meu pequeno, que não me importaria que não ocorresse nada do que anunciou o anjo. Nunca sonhei com grandezas que possam superar minha capacidade, nem aspirei ser respeitada e admirada. Agora, transformada na mãe do Messias, tudo pare-*

---

10. Cf. *Evangelho árabe da infância*, 3.
11. Cf. "Evangelho da infância do Salvador". In: *Código de Arundel*, 84. No *Evangelho armênio da infância* 9, a parteira é Eva, a primeira mãe.
12. Essa afirmativa vai ao encontro da defesa da quase totalidade dos apócrifos marianos da virgindade de Maria antes, durante e depois do parto. O evangelho de Filipe, ao contrário, defende que o parto e concepção de Jesus ocorreram de forma natural.
13. Cf. *Evangelho árabe da infância*, 4. Op. cit.

ce estranho. Que Messias és tu, que nasceste num abrigo de ovelhas, que tens por admiradores uma vaca e um burrico e por dois humildes aldeões? Onde está o teu poder, onde está a tua grandeza? E, sem dúvida, não me sinto decepcionada. Tu vales mais do que tudo que obter de ti, e isto eu sei, porque sou tua mãe e oxalá que todos aprendam o mesmo quando cresceres e possa cumprir a missão que objetivou o teu nascimento. Tomara que os homens te queiram pelo que possas dar, pelo que representas, por tua mensagem, por tuas vitórias ou, quem sabe, por teus milagres. Eu, querido menino, muito te amarei. Não que não me importe o resto, pois seria desmerecer os planos de Deus, porém, entende-me, eu sou tua mãe, e neste peito poderás encontrar sempre amor puro, amor a ti e não só algo que possas trazer contigo. Tu és um presente, tu és não só algo que possas trazer comigo. Tu és um presente, tu és um tesouro e, se nada mais houvesse, para mim já seria o bastante"[14].

Os pastores também chegaram, acenderam o fogo e se alegraram com o fato. Os magos, sendo eles três irmãos: Melquior, Baltasar e Gaspar, chegaram da Pérsia, Índia e Arábia, onde reinavam respectivamente, numa comitiva formada por doze mil homens, quatro mil para cada um deles[15], no exato momento em que Maria se tornara mãe[16]. Eles trouxeram-lhe presentes: ouro, incenso e mirra, objetos guardados por Adão em uma caverna, tendo em vista o nascimento do segundo Adão. Conforme um costume antigo, o primeiro presente do Menino Jesus teve os seguintes significados: o

---

14. Cf. *Evangelho secreto da virgem*, 79-80. Op. cit.
15. Cf. *Evangelho armênio da infância*, 11,1.
16. Cf. ibid., 9.

ouro representava a realeza do menino; a mirra, que ele morreria como os humanos e que seria enterrado; o incenso, que tudo isso aconteceria com um Deus, o Menino Jesus[17]. E os reis magos adoraram o bebê Jesus, rendendo-lhe homenagens.

E tudo isso aconteceu como havia predito a profecia de Zoroastro: *"No ano de 6000, no sexto dia da semana, no mesmo dia em que te criei, e à hora sexta, enviarei meu Filho Unigênito, o Verbo divino, que se revestirá da carne da tua descendência e virá a ser filho do Homem. Ele te evolverá a dignidade original através dos terríveis tormentos da sua paixão na cruz. E então tu, ó Adão, unido a mim com alma pura e corpo imortal, serás deificado e poderás, como eu, discernir o bem e o mal"*[18]. Essa profecia era de conhecimento do temível Rei Herodes, que se encarregou de se encontrar com os reis magos para tramar a captura do Menino Jesus.

Como retribuição aos reis magos, Maria pegou uma das faixas, na qual estava envolvida a criança, e deu-a para eles. Os reis magos conversaram com José, enaltecendo a criança, dizendo que ela seria importante, venceria os infernos e salvaria a muitos. E nessa mesma hora apareceu aos magos um anjo sob a forma de uma estrela, a mesma que já lhes havia servido de guia. E eles partiram, seguindo sua luz, de volta para a sua pátria. Quando reis lhes interrogaram sobre o ocorrido, como tinha sido a viagem e o que haviam visto, eles pegaram a faixa e a jogaram no fogo que haviam acendido. As chamas envolveram-na. Quando o fogo

---

17. ORÍGENES. *Contra Celso*, 160.
18. Cf. *Evangelho armênio da infância*, 13. Op. cit.

se apagou, eles retiraram a faixa e viram que as chamas não haviam deixado sobre ela nenhum vestígio. Eles se puseram então a beijá-la e a colocá-la sobre suas cabeças e sobre seus olhos, dizendo: *"Eis certamente a verdade! Qual é, pois, o preço deste objeto que o fogo não pode nem consumir nem danificar?"* E, pegando-a, depositaram-na com grande veneração entre seus tesouros[19].

No terceiro dia depois do nascimento de Jesus, Maria saiu da caverna, foi até ao estábulo e colocou a criança numa manjedoura. Um boi e um burrico, tendo o menino no meio deles, o adoravam sem cessar. E, assim, o que foi dito por meio do Profeta Isaías se cumpriu: *"O boi conhece seu proprietário e o burrico a manjedoura de seu senhor"*. Bem como o que dissera o Profeta Habacuque: *"Tu serás conhecido entre os dois animais"*[20].

Minha circuncisão e apresentação no templo

Quando o Menino Jesus completou oito dias de nascimento, seguindo a lei judaica, eles o circuncidaram na gruta. A velha anciã e parteira, que era mãe de um filho que comercializava perfumes, recolheu o prepúcio do Menino Jesus e colocou-o em um vaso de alabastro cheio de óleo de nardo velho. Maria deu-lhe de presente o vaso, dizendo: *"Muito cuidado para não vender este vaso cheio de perfume de nardo, mesmo que te ofereçam trezentos dinares"*[21]. Mais tarde, a tradição se lem-

19. Cf. *Evangelho árabe da infância*, 7-8. Op. cit.
20. Cf. *Evangelho do Pseudo-Mateus da infância*, 14.
21. Cf. *Evangelho árabe da infância*. Op. cit. O *Evangelho do Pseudo-Mateus da infância* diz que a circuncisão de Jesus aconteceu em Jerusalém.

brou de que esse é o vaso que Maria, a pecadora, comprou e derramou sobre a cabeça e os pés de Jesus Cristo, enxugando-os com seus cabelos. Daí a identificação da prostituição com perfumes e de Maria Madalena com a prostituta.

Dez dias depois, o Menino Jesus foi levado a Jerusalém para ser apresentado no templo. E ofereceram por ele as oferendas prescritas pela lei de Moisés, que diz: *"Toda criança do sexo masculino que sair de sua mãe será chamada de o santo de Deus"*. Simeão, um idoso de cento e doze anos, estava no templo, viu uma claridade de um facho de luz quando Maria entrou com o menino nos braços. O menino estava rodeado de uma multidão de anjos que o louvavam, assim como se faz com um rei. Aproximando-se rapidamente de Maria e estendendo suas mãos para ela, disse: *"Agora, Senhor, teu servo pode retirar-se em paz, segundo tua promessa, pois meus olhos viram a tua misericórdia, que preparaste para a salvação de todas as nações: luz de todos os povos e a glória de teu povo de Israel"*. A Profetisa Ana, uma idosa de oitenta e quatro anos, que também estava presente no templo, rendia graças a Deus, celebrava a felicidade de Maria e adorava o menino, afirmando que nele estava a redenção do mundo[22].

Perseguidos por Herodes, fugimos para o Egito

O Rei Herodes, vendo que os magos não retornavam para visitá-lo, reuniu os sacerdotes e os doutores e

---

22. Cf. *Evangelho árabe da infância*, 5-6. Op. cit. • *Evangelho do Pseudo-Mateus da infância*, 15. Op. cit.

disse-lhes: "*Mostrai-me onde deve nascer o Cristo*". Tendo sido informado que era em Belém, cidade da Judeia, ele tramou em seu espírito o assassinato do Menino Jesus[23], que ainda não tinha completado um ano de idade. Na primeira tentativa, mais de trezentas e sessenta crianças foram assassinadas. Os parentes do Menino Jesus foram também perseguidos. Isabel escondeu seu filho João Batista debaixo de uma pedra, salvando a sua vida. Maria teve medo da perseguição e envolveu o Menino Jesus em faixas[24]. "*Herodes, que fizera tudo isso, foi aquele que era chamado de o Grande, o pai de Arquelau, aquele Herodes que mandou decapitar meu querido parente João. E foi assim que ele, Herodes, o Grande, me procurou para tirar-me a vida, porque pensava que meu reino era deste mundo. Meu Pai se manifestou em visão a José*[25] *por meio de um anjo que lhe disse: 'Levanta-te, pega a criança e sua mãe, e foge para o Egito'*".

Assim que o galo cantou, José levantou-se e partiu[26]. Meu pai se pôs imediatamente em fuga, levando consigo a mim e minha mãe, em cujos braços eu ia deitado. Salomé também nos acompanhava, mas também uma menina e três rapazes[27].

---

23. Cf. *Evangelho árabe da infância*, 9. Op. cit.
24. Cf. *Evangelho árabe da infância*, 22,31-34. Op. cit. *Protoevangelho de Tiago*, 32.
25. Cf. "História de José, o carpinteiro". Op. cit., 8.
26. Cf. *Evangelho árabe da infância*, 9. Op. cit.
27. Segundo informação do *Evangelho do Pseudo-Mateus da infância*, 18. Op. cit.

Descemos, então, até o Egito e ali permanecemos por um ano[28], até que o corpo de Herodes se tornou pasto dos vermes. Ele morreu com um castigo justo pelo sangue dos inocentes que ele havia derramado, e dos quais já nem se lembrava[29]. Bom, mas essa história veremos mais adiante.

Uma outra tradição oral, que não encontrei nos apócrifos, diz que, quando eles saíram em fuga para o Egito, perto mesmo da gruta do nascimento, Maria parou junto a uma pedra para descansar e amamentar o Menino Jesus. Um pouco do seu leite espirrou e caiu sobre a rocha, a qual se tornou toda branca. Nesse local nasceu a tradição, mais precisamente na Idade Média, de cultuar Nossa Senhora do Leite. Podemos visitar, em Belém, a gruta do leite, envolta em um moderno santuário e uma bela pintura de Maria amamentado o bebê Jesus.

Considerações

A história do nascimento de Jesus, acima descrita, abrindo as páginas apócrifas desta narrativa que ora começamos a compilar, é um outro modo de apresentar Jesus. Primeiro, é o Jesus adulto que se preocupa em contar a história de seus pais e de seu nascimento para os seus discípulos. Segundo, Jesus tem uma família. Assim, ficamos sabendo os nomes deles: o avô Joaquim, a avó Ana, os irmãos Judas, Josetos, Tiago e Si-

---

28. O *Evangelho árabe da infância* diz que a permanência no Egito foi de três anos.
29. Cf. "História de José, o carpinteiro". Op. cit., 8.

mão, as irmãs Lísia e Lídia. Maria é a mãe que concebe o filho de forma virginal. O pai terreno José é um idoso e bom pai. Os seus irmãos são todos de criação, filhos do primeiro casamento de José.

A visita dos reis magos, que, ao longo dos séculos e até os nossos dias, é celebrada com as folias de reis, no início de cada ano, permaneceu na liturgia paralela para também eternizar a memória da luz que Jesus representa para a humanidade. Essa festa da religiosidade popular tem sua relação com a liturgia oficial da Igreja na Festa da Epifania, do grego *epiphaneia*, aparição ou manifestação. No sentido religioso tradicional do Oriente, epifania é a manifestação da divindade de Jesus aos gentios, pagãos, representados nas pessoas dos três reis magos: Gaspar, nome que significa *aquele que vai confirmar a vinda do Messias*; Melquior, *meu rei é luz*; Baltasar, *Deus manifesta o rei*. Os significados desses nomes revelam a missão de cada mago, a de confirmar que Jesus é luz, messias e rei manifestado ao mundo como enviado de Deus Pai.

No Oriente, a epifania é também celebrada com a mesma intensidade com que celebramos o Natal no Ocidente. Aliás, ela é, para os orientais, a Festa do Natal. No Ocidente, a epifania passou a ser celebrada somente no século V, época em que as questões da humanidade e da divindade de Jesus, depois de muita polêmica, passaram a ser reconhecidas oficialmente, no Concílio de Calcedônia, no ano de 451, quando são proclamadas as duas naturezas na única pessoa de

Cristo[30]. Atualmente, a epifania é celebrada no segundo domingo depois do Natal; antes, somente no dia 6 de janeiro, seguida pela festa do batismo do Senhor, que também é uma manifestação de Deus ao mundo por meio do seu filho Jesus.

Ainda sobre os magos e sua relação com a epifania nos apócrifos da infância, destaca-se o fato de a faixa do Menino Jesus, que Maria lhes deu de presente, não ter sido queimada em um fogo que eles haviam acendido. Os magos, que antes tinham sido iluminados pela luz de uma estrela, nesse episódio tiveram contato direto com a luz que se manifestou no Menino Jesus. Eles a colocaram sobre os olhos para possibilitar o encontro da luz do corpo humano, os olhos, com a luz divina, e, com isso, creram em Jesus. Para o cristão, ver é crer, assim como os milagres de Jesus. Para o judeu, crer é ouvir para interpretar. Os magos também beijaram a faixa para receber o conhecimento revelado. Para os gnósticos cristãos o beijo significa passar/receber o conhecimento. Nesse sentido, entendemos o beijo de Jesus e Madalena nos apócrifos[31]. Por fim, colocar a faixa sobre a cabeça é o mesmo que tomar consciência, razão, de que o fato era verdade. Assim, Jesus é a luz divina que não se apaga mais, um valor inestimável que deve ser guardado como tesouro e manifestado sem-

---

30. Cf. FARIA, J.F. *Apócrifos aberrantes, complementares e cristianismos alternativos: poder e heresias* – Introdução crítica e histórica à bíblia apócrifa do Segundo Testamento. Petrópolis: Vozes, 2009, p. 147.
31. Cf. FARIA, J.F. *As origens apócrifas do cristianismo* – Comentários aos evangelhos de Maria Madalena e Tomé. 2. ed. São Paulo: Paulinas, 2004, p. 55.

pre ao mundo, da mesma forma como iria ser manifestado no seu batismo (Mt 3,13-17) e no seu primeiro sinal, milagre, a transformação da água em vinho, nas bodas de Caná da Galileia (Jo 2,1-12).

A circuncisão do Menino Jesus segue os trâmites da lei judaica. Ela acontece oito dias depois do seu nascimento, mas com a diferença de que o local de sua realização não é o templo, como atesta Lc 2,22-28, mas a gruta do seu nascimento. É oportuno ainda ressaltar, nesse episódio, o fato de a parteira ter recolhido o prepúcio do Menino Jesus e tê-lo colocado em um vaso de alabastro cheio de óleo de nardo perfumado. Um menino judeu, ao ser circuncidado, recebia no seu corpo a marca da sua função primeira, a de gerar a vida e a de ser um homem da palavra. O substantivo hebraico *milah* quer referir-se à circuncisão e à palavra. O fato de a parteira ter recebido de presente de Maria o vaso com o prepúcio do Menino Jesus quer mostrar que ele, além de ser o homem da palavra, é também um ungido, um abençoado por Deus. A sua palavra será geradora de vida para todos.

Com a apresentação de Jesus no templo começa o relato da perseguição ao Menino Jesus e consequente fuga da sua família para o Egito, iniciando, assim, uma nova fase em sua vida. O Menino Jesus, que nascera como um herói e de forma prodigiosa, agora será protegido na viagem e na permanência no Egito, confirmando que ele seria "a luz de todos os povos e a glória de teu povo de Israel", como proclamara o velho Simeão no momento de sua apresentação no templo.

Cumpre ainda acrescentar o pitoresco fato da gota de leite de Maria que caiu sobre uma rocha, tornando-a branca. Mais tarde, a tradição criou em torno dela o culto a Nossa Senhora do Leite. Mulheres cristãs e muçulmanas acorrem ao local para pedir a graça da gravidez. Recentemente, teve início a novena da gruta do leite, indicada para casais que não conseguem ter filhos. O casal deve rezar, por nove semanas, os mistérios gozosos do terço e tomar, a cada invocação, um pouco do pó da gruta.

3

Nascimento de Jesus nos evangelhos canônicos da infância e nos complementos apócrifos

Em resposta às questões levantadas pelas comunidades sobre o nascimento de Jesus, o evangelho da infância de Mt 1–2 e Lc 1–2 situou-o em um momento histórico, isto é, quando *"Quirino era governador da Síria"* (Lc 2,2), bem como deu a conhecer que Ele era filho de José, da casa de Davi, que morava na Galileia, numa vila chamada Nazaré (Lc 1,26-27). Uma longa lista de nomes é apresentada, formando a genealogia do nascimento do Menino Jesus. Mateus começa com Abraão e termina citando Maria, a esposa de José, da qual nasceu Jesus, chamado de Cristo (Mt 1,1-16). Já Lucas faz o caminho ascendente, começando por José e chegando até Adão (Lc 3,23-38). Nessas genealogias, o enfoque não é o Menino Jesus, nem Maria, embora a comunidade de Mateus não teve como deixá-la de fora, mas José, o homem protagonista dos fatos[1].

Essa preocupação genealógica teve como objetivo situar a pessoa do Menino Jesus na linha do tempo da história de Israel e, sobretudo, demonstrar a sua condição descendente de Abrão, régia e messiânica davídica. Se já desde a época do santo e justo Rei Davi se falara de um messias que viria salvar Israel, ei-lo nascido em Belém, como realização das promessas de Deus, anunciadas pelos profetas. O foco da narrativa não é o nascimento de Jesus, mas a sua condição salvífica para Israel.

Ainda conforme os textos canônicos, o nome recebido pelo menino, Jesus, que era comum entre seus conterrâneos, lhe fora dado no dia da sua circuncisão, como previam as leis judaicas (Lc 1,31; 2,21; Mt 1,21.25), mas com o diferencial de que, naquele dia, Deus o fizera "Deus conosco", o Emanuel (Mt 1,23).

A narrativa da infância de Jesus em Mateus e Lucas tem enfoques diferenciados. Enquanto Mateus apresenta os fatos de modo drástico, Lucas se preocupa em mostrar o lado mais terno do nascimento, como na apresentação do menino no templo, na presença dos idosos Ana e Simeão que trazem bênção para o menino. É também em Lucas a intuição de que o Jesus de Nazaré adulto é o mesmo menino que nasceu de uma mulher virgem por obra do Espírito Santo (Lc 1,35; 2,11). O fato histórico do nascimento de Jesus é uma

---

1. Cf. VAAGE, L.E. "O evangelho da infância de Tomé e outros textos apócrifos – Que menino!" *Ribla*, 58, p. 40.

confirmação de sua encarnação no meio de nós, mesmo de forma virginal.

Nos evangelhos de Marcos e João, o nascimento de Jesus ocorre no batismo realizado pelo seu primo João Batista. Jesus, no entanto, teve primazia sobre ele, considerado apenas o seu precursor. Portanto, o que é mais importante é o que decorre desta relação entre João Batista e Jesus, o batismo. O nascimento de Jesus acontece no batismo e não de uma mãe virgem. Nesse episódio, Jesus nasce como filho amado de Deus. As outras informações sobre sua mãe, família, laços sociais são irrelevantes.

O Evangelho de Marcos quer fundamentar a afirmação, colocada em sua abertura: *"Princípio do Evangelho de Jesus Cristo, Filho de Deus"* (Mc 1,1). Nisso está uma grande diferença em comparação com os apócrifos, que apresentam um Jesus humano, filho de Maria e José. A comunidade joanina, seguindo o mesmo princípio da de Marcos, afirma em seu início que a Palavra de Deus se fez carne em Jesus e veio morar entre nós (cf. Jo 1,1-3).

Como vimos acima, as narrativas apócrifas do nascimento de Jesus são envolventes e complementares aos textos canônicos. Poucos episódios podem ser classificados de aberrantes. Muitas dessas histórias ficaram registradas no imaginário popular. Elas nos legaram em detalhes o nascimento virginal de Jesus em uma manjedoura, os nomes dos "reis magos" e de seus irmãos por parte de pai, pormenores da circuncisão, detalhes da vida de Joaquim, de Ana, que os canônicos tampouco citam.

Em relação ao nascimento virginal de Jesus, os apócrifos foram complementares ao cristianismo hegemônico, o apostólico, que transformou em dogma a virgindade de Maria. Ela concebeu Jesus e manteve a sua virgindade antes, durante e depois do parto. A virgindade de Maria foi sempre um tema polêmico no cristianismo. Perguntas são e sempre foram colocadas: Maria foi virgem? E os irmãos de Jesus de Mt 2,46 não são filhos de Maria?

E ainda sobre essa questão da virgindade, vale recordar outros dados apócrifos sobre a defesa da virgindade mariana, tida como exemplo para os cristãos. O *Evangelho armênio da infância* afirma que a concepção de Maria ocorreu pela orelha, o que pode ser bem entendido na visão judaica de que ouvir é interpretar, dar a conhecer. Já o *Evangelho de Filipe* afirma que José e Maria tiveram relação sexual. Quando Maria viveu no templo, ela era rodeada de virgens e manteve lealmente a sua consagração. Quando é obrigada a deixar o templo, pois iria se menstruar pela primeira vez, Maria foi entregue aos cuidados de José, um ancião de 90 anos, viúvo e pai de seis filhos. Três anos depois, o anjo lhe aparece e anuncia a concepção virginal pelo Espírito Santo. José se desespera, pois não havia tido relação sexual com ela. As virgens, designadas pelos sacerdotes para morar com Maria, na casa de José, a defendem, dizendo que ela conversava só com anjos. José e Maria foram denunciados ao tribunal. Os sacerdotes aplicaram nela o teste da água amarga (Nm 5) e confirmaram sua virgindade. Jesus nasceu sem a ajuda de uma parteira. No corpo dele não havia sinal de sangue. A parteira Salomé, ao saber disso, pediu licença a Maria para colocar o dedo na "sua natureza" a fim de confirmar sua virgindade. A mão dela ficou seca, negra e em chamas. A luz de Jesus, manifestada ao mundo, foi transferida para Salomé, de modo que ela pudesse professar a sua fé em Jesus. O fogo é também uma releitura da manifestação de Deus, no Monte Sinai, a Moisés. Um anjo, que é outra manifestação de Deus, aparece para Salomé e lhe pede que tome o menino em seus braços, de modo que ela possa demonstrar o acolhimento do Deus menino e ser curada por Ele. Assim, Salomé comprovou a virgindade de Maria e foi salva do castigo.

Maria não teve outros filhos. Jesus, os apóstolos e anjos sempre a chamam de virgem. Quando morreu, o seu corpo foi preparado por virgens. Esses dados nos mostram como, no início do cristianismo, a virgindade de Maria foi valorizada. A virgindade era fruto de um modo de pensar que desprezava o corpo. Os primeiros cristãos foram influenciados pelo pensamento dualista que pregava a separação entre alma e corpo, trevas e luz, vida e morte, Deus e mundo. Tudo o que pertencia ao mundo era desprezado, pois esse era uma armadilha dos poderes do mal. Deus, vivendo longe do mundo, não tinha como influenciar a vida espiritual das pessoas. O desafio do ser humano era o de tornar-se um ser espiritual de verdade, abstendo-se da vida sexual ou, caso contrário, cairia na desgraça total, nos prazeres do corpo. Pensava-se que a alma, tendo sua morada no céu, caiu no corpo. Um dia ela teria que retornar ao céu. Na viagem de volta, encontraria com o demônio, pronto para tomá-la. A única arma da alma para garantir a salvação seria a virgindade. Assim aconteceu com Maria. Ela foi assunta ao céu porque era virgem².

Uma outra polêmica, colocada recentemente nos meios acadêmicos, é sobre o local do nascimento de Jesus: Belém ou Nazaré? É o que veremos a seguir.

---

2. A história completa de Maria nos apócrifos encontra-se em nosso livro *História de Maria, mãe e apóstola de seu Filho nos evangelhos apócrifos*. 2. ed. Petrópolis: Vozes, 2006.

4

Jesus não nasceu em Belém

Belém é um nascimento teológico, para fazer coincidir com o local do nascimento do Rei Davi. O recenseamento realizado, quando Quirino era governador da Síria, aconteceu oito a seis anos antes do nascimento de Jesus (Lc 2,2). A comunidade de Lucas quis conformar Belém, a casa do pão – Bet lehem, com o que anunciará o profeta: *"E tu, Belém, terra de Judá, não és de modo algum a menor entre as principais de Judá, porque de ti sairá o guia que há de apascentar o meu povo, Israel"* (Mt 2,6). Em Belém, o Filho de Deus foi colocado numa manjedoura – lugar onde os animais comiam. Esse fato foi significativo teologicamente para o nascimento da futura igreja. Como compreender essa afirmação? É simples. Manjedoura, em grego, diz-se *fatné*, termo que se usa para expressar toda *cavidade aberta em uma superfície de um terreno vertical ou inclinado*. Em aramaico, *fatné* é *Kepha*, e significa, de forma correlata, *gruta escavada na rocha*, isto é, buraco formado a partir da escavação feita pelos trabalhadores nas rochas, para daí tirarem blocos de pedras para a construção civil. O hebraico usa o substantivo *Kaf* para dizer palma ou cavidade da mão. A letra C do português é uma variação do *k* e representa justamente uma curvatura, uma cavidade que oferece aconchego e refúgio.

Os pobres moravam nessas grutas. As *Kephas* eram numerosas nos lugares desertos. Bandidos e até mesmos refugiados de guerra se escondiam nas *Kephas* (Jr 30,1-14). *Kepha* traduz também o substantivo grego *Pétros* (Pedro) e está ligado ao nascimento de Jesus. Mais tarde, Ele se lembra disso, quando diz a Pedro: *"Tu és caverna escavada na rocha, e sob (debaixo) essa caverna, onde vivem os pobres, aí edificarei a minha Igreja"* (Mt 16,18). Assim, esse sentido de *Kepha* muda completamente a tradicional tradução "Tu és Pedro, e *sobre* essa pedra edificarei a minha Igreja". O nascimento de Jesus em Belém serviu para colocar os alicerces da Igreja. Jesus nasce pobre para libertar os pobres. Pedro continua rocha e caverna, casa dos pobres, periferia do mundo, onde as igrejas devem anunciar a libertação.

De outra forma, afirmar que Jesus nasceu em Nazaré parece mais lógico. Os semitas chamavam Jesus e seus seguidores de nazarenos ou nazareus, pelo fato de que o seu movimento teve origem na cidade de Nazaré. No mundo greco-romano prevaleceu o apelativo cristão para os seguidores de Jesus.

Nazaré era a cidade predileta dos primeiros cristãos. Em hebraico, o substantivo feminino Nazaré se diz: *Notseret*. O seu significado é: *aquela que guarda*. Guardar, em hebraico, diz-se *Notser*. A história de Israel sempre foi marcada pela presença de Deus, aquele que guarda (*Notser*) por mil gerações a sua bondade e, por três mil gerações, o seu amor. Os judeus rezam na liturgia do "Dia do perdão" (*Iom kippur*), no início de um novo ano, esse modo de Deus guardar o seu amor e bondade para com todos nós.

Para os cristãos "da primeira hora", dizer e saber que Jesus vinha de Nazaré tinha um significado todo especial. Jesus foi guardado por Deus e dado ao seu povo escolhido. Nazaré guarda e guardará eternamente Jesus de Nazaré. Saber disso é compreender o que dissera o salmista: *"O senhor nos guarda como a pupila dos seus olhos"*. Ao dizer a letra *nun* (ene) de *Notseret* (Nazaré), o cristão e também o judeu evocam a lembrança de Deus, aquele que guarda.

Certa feita, um discípulo de Jesus, chamado Filipe, encontrou-se com Natanael e lhe disse: *"Encontramos aquele de quem escreveram Moisés, na Lei, e os profetas: Jesus, o filho de José, de Nazaré. Perguntou-lhe Natanael: 'De Nazaré pode sair algo de bom?' Filipe lhe disse: 'Vem e vê'. Jesus viu Natanael vindo até Ele e disse a seu respeito: 'Eis um verdadeiro homem israelita, em quem não há fraude'. Natanael lhe disse: 'De onde me conheces?' Respondeu-lhe Jesus: 'Antes que Filipe te chamasse, eu te vi debaixo da figueira'"* (Jo 1,45-48). Normalmente, não compreendemos o mistério profundo desse diálogo, o simbolismo que ele carrega. Simplesmente, desaprovamos a atitude de Natanael e reforçamos a ideia de Jesus sabedor dos mistérios, pois Ele sabe quem é Natanael sem antes ter convivido com ele. Na verdade, estamos diante de uma releitura da *Torá*. Senão, vejamos: Se Nazaré significa *aquela que guarda*, *Jesus-Torá* é o dom precioso guardado por Nazaré. Natanel significa *Deus deu a Torá*. A *Torá* oral identifica o nome *Ben Natanael* como um dos nomes de Moisés. Natanael foi visto debaixo da *Torá*-Figueira. Natanael é um verdadeiro israelita porque sabe guardar a *Torá*. E Natanael, sábio que era, queria saber de Filipe se, de fato, na cidade que guarda, havia um guardador vindo de Deus, o guarda por excelência da bondade e do amor. Em Nazaré estava o que de bom Deus tinha feito. Natanael sabia disso. Filipe lhe havia afirmado: "encontrei o prometido, ele se chama Jesus, o filho de José, de Nazaré". Encontrei Jesus de Nazaré.

O Primeiro Testamento, ao mencionar Josué, aquele recebeu o encargo de conduzir, após a morte de Moisés, o povo até a conquista da Terra Prometida, o chama de *Josué (Yehoshua), filho (Ben) de Nun*. Josué guardou a *Torá*. Com ela à frente a terra da promissão seria conquistada. Josué é filho *de Nun*, Jesus, também *Yehoshua*, filho de *Yossef* (José) e de *Nazaré*, aquela que guarda. Jesus e Josué são igualmente filhos da Guarda. Eles têm a missão de guardar e de revelar os mistérios de Deus. Essa mesma missão recebem os discípulos de Jesus, os nazarenos.

Nazaré, *"Aquela que guarda"*. Guarda a encarnação de Deus no meio de nós. Ser cristão é ser nazareno. Ser nazareno é ser o guardador do mistério de Deus que fez sua morada no meio de nós. Em Jesus, somos todos e todas de Nazaré.

Se Jesus não nasceu em Belém, tampouco nasceu no dia 24 de dezembro. Ninguém registrou o dia do nascimento de Jesus. Como vimos, um apócrifo fala de 20 de maio. Os cristãos, mais tarde, escolheram essa data porque, neste dia, se comemorava, no Oriente, a festa pagã do deus invicto. Nesse dia, o sol aparecia em menor intensidade, mas não se apagava por completo. 24 de dezembro se parece ao nosso 23 de junho. Ao escolherem o dia 25 de dezembro, os cristãos, cristianizando a festa pagã, estavam afirmando ao mundo: Jesus é a Luz que nunca se apaga. Aliás, nesse sentido, vale lembrar que o substantivo Deus, em sânscrito, se diz *Dew*, e quer dizer Luz. Dizer ao outro "Bom-dia!" é o mesmo que dizer *"Que a Luz esteja com você durante todo o dia"*. *"Que Deus (Luz) te acompanhe!"* Deus é Luz! Assim fica fácil entender por que Natal é tempo de a Luz brilhar no coração do mundo.

A data do nascimento de Jesus parece ser, segundo as pesquisas, entre os anos 7 e 6 antes da Era Comum. Parece confuso, mas é fácil entender. Dizer antes e depois de Cristo foi uma convenção, um novo cálculo de datas da história a partir da pessoa de Jesus, feita por Dionysius Exiguus, a pedido do Papa Gregório, daí calendário gregoriano. Antes se contava a história em função da fundação de Roma. Por isso se dizia *Era Romana*. Houve um erro na passagem de uma era para outra.

Segundo os evangelhos apócrifos, Jesus foi concebido, através do Espírito Santo, no dia 6 de abril, numa terça-feira, às três horas da tarde. No momento da concepção, Maria experimentou uma grande comoção, a ponto de tornar-se purificada como o ouro no crisol. Nesse instante, um anjo do Senhor apareceu na Pérsia para anunciar esse fato aos três reis mais poderosos daquele lugar. Eles eram irmãos descendentes de Balaão, magos e profetas. Como vimos anteriormente, seus nomes eram Melquior, rei da Pérsia; Baltasar, rei da Índia; e Gaspar, rei da Arábia. Quando o anjo chegou, eles estavam em uma reunião de família. Logo, eles se prepararam para a viagem.

5

No Egito: ternura e proezas do bebê e Menino Jesus

Retomemos, agora, as narrativas apócrifas da infância de Jesus. Com a perseguição de Herodes a família de Jesus se viu obrigada a fugir para o Egito. A fuga e a permanência de José, Maria e o Menino Jesus, durante um ou três anos no Egito, dependendo do relato considerado, são marcadas por inusitadas atitudes dos egipcianos. Muitos encontram a libertação de seus males e são curados somente ao tocar nas fraldas ou nas águas do seu banho. O bebê já é capaz de fazer milagres. Vejamos como isso acontece.

O perigo na viagem – O Menino Jesus apazigua animais ferozes

Em viagem para o Egito, eles pararam em uma caverna para descansar. Maria desceu da mula e, sentando-se, segurou o Menino Jesus no colo. De repente, dragões saíram da caverna. Quando os rapazes, que os acompanhavam na viagem, os viram, gritaram de medo. Naquele momento, o Menino Jesus desceu do colo de sua mãe e ficou de pé diante dos dragões. Eles, porém, o adoraram e recuaram. E o que fora dito pelo Profeta Davi se cumpriu: *"Vós, dragões da terra, louvai o Senhor; vós dragões e todas as criaturas do abismo"*. Então, o Menino Jesus caminhou diante deles e lhes ordenou que não machucassem homem algum. Maria e José tiveram medo de que o Menino Jesus fosse atacado pelos dragões. E o Menino Jesus lhes disse: *"Não tenhais medo, nem me considerai uma criança. Eu sempre fui perfeito e assim sou agora. É necessário que todos os animais selvagens da floresta sejam mansos diante de mim"*[1].

A viagem prosseguiu e leões, leopardos e animais selvagens os acompanharam no deserto, adorando o Menino Jesus e mostrando o caminho para eles. Maria, vendo aquela cena, ficou amedrontada. E o Menino Jesus, com o semblante alegre, olhou para trás e disse: *"Não tenhas medo, mãe, eles não vieram correndo para cá para machucar-te, e sim eles correm para te obedecer e a mim"*. As palavras do Menino Jesus tiraram o medo do coração de sua mãe. Assim, os leões viajavam com eles e com os bois e os burricos e os animais de carga que carregavam suas necessidades, e eles não machucaram nenhum deles. Eram mansos entre as ovelhas e cordeiros que eles trouxeram consigo da Judeia. Eles viajavam entre os lobos e não estavam amedrontados. Havia dois bois e a carroça, na qual eles carregavam suas necessidades. Então, aquilo que foi dito pelo profeta se cumpriu: *"Lobos serão apascentados com os cordeiros, o leão e o boi comerão juntos"*[2].

---

1. Cf. *Evangelho do Pseudo-Mateus da infância*, 18.
2. Cf. ibid., 19.

O Menino Jesus ordena que uma palmeira alimente sua mãe

Era o terceiro dia da viagem. Maria estava cansada pelo calor excessivo do sol no deserto. Vendo uma palmeira, ela disse a José: *"Desejo descansar um pouco debaixo de sua sombra"*. E assim aconteceu. José a conduziu até a palmeira e a ajudou a descer do animal. Ali sentada, com o Menino Jesus no colo, Maria olhou para o topo da palmeira e a viu cheia de frutos. Então, ela disse a José: *"Desejo, se possível, comer alguns frutos desta palmeira"*. José lhe disse: *"Estou assombrado com o que tu dizes, não vês como é alta essa palmeira, que penses em comer o fruto dela. Penso mais na água, que já nos falta nos sacos de água; agora não temos nada com que nos refrescar, nem os animais"*.

Então o Menino Jesus, com um sorriso no rosto, disse à palmeira: *"Curva-te, árvore, e alimenta minha mãe com teus frutos"*. A palmeira curvou sua copa aos pés de Maria e eles colheram os frutos dela, com os quais todos se alimentaram. Depois que eles colheram todos os seus frutos, ela continuou curvada, esperando para se erguer ao comando daquele que lhe havia ordenado se curvar. Então o Menino Jesus lhe disse: *"Ergue-te, palmeira, e sê forte e companheira de minhas árvores que estão no Paraíso de meu Pai. Abre um curso de água que está escondido na terra sob tuas raízes e dele deixa correr águas para satisfazer-nos"*. E a palmeira se ergueu imediatamente, e fontes de água, muito clara, fria e doce, começaram a jorrar através das raízes. Quando eles viram as fontes de água, regozijaram-se com grande júbilo, e eles e os animais de carga ficaram todos satisfeitos, e deram graças a Deus. No dia seguinte, eles saíram dali. As montanhas e cidades do Egito já podiam ser avistadas[3].

Um ramo dessa palmeira é levado ao céu

Antes mesmo de seguir viagem, o Menino Jesus olhou para a palmeira e disse: *"Palmeira, dou-te o privilégio de que um de teus ramos seja transportado por meus anjos e plantado no paraíso de meu Pai. Concedo-te a bênção de que a todos os que lutarem e vencerem seja dito: chegastes à palma da vitória"*. Tendo dito isso, um anjo veio do céu e ficou acima da palmeira. E dela, tendo tirado um de seus galhos, voou para o céu. Naquele momento, os presentes tiveram medo, caíram por terra e permaneceram como mortos. E o Menino Jesus os advertiu: *"Por que o medo tomou conta dos vossos corações? Não sabeis que essa palmeira que fiz transferir para o paraíso estará à disposição de todos os homens santos no lugar das delícias, assim como estava pronta para vós neste lugar solitário?"* Essas palavras encheram de alegria a todos, que se levantaram e seguiram viagem[4].

À presença de Jesus, ídolos são destruídos

Ao chegarem ao Egito, José e Maria foram para um albergue em uma grande cidade[5]. Havia ali um ídolo,

---

3. Cf. ibid., 20-21.
4. Cf. ibid., 21.
5. O *Evangelho da infância de Tomé*, 3, diz que, quando eles chegaram ao Egito, hospedaram-se na casa de uma viúva e ali permaneceram durante um ano.

ao qual os outros ídolos e divindades do Egito rendiam homenagem e ofereciam presentes. Satanás falava por meio dele e os sacerdotes relatavam o que ele dizia para o povo. Os habitantes do lugar ficaram profundamente perturbados com a presença da família de Jesus. Todos os príncipes e sacerdotes dos ídolos se reuniram ao redor deste ídolo, perguntando-lhe: *"Donde vem essa agitação universal, e qual é a causa deste pavor que se apoderou de nosso país?"* E o ídolo respondeu: *"Esse assombro foi trazido por um Deus desconhecido que é o Deus verdadeiro, e ninguém a não ser Ele é digno das honras divinas, pois Ele é o verdadeiro Filho de Deus. À sua aproximação, esta região tremeu; ela se emocionou e se assombrou, e nós sentimos um grande temor por causa do seu poder"*. E naquele momento esse ídolo caiu e quebrou-se, tal como os outros ídolos que estavam no país. E todos os habitantes do Egito foram ver a sua queda[6].

Quando José e Maria souberam que esse ídolo havia se quebrado, foram tomados de medo e de espanto, e disseram: *"Quando estávamos na terra de Israel, Herodes queria que Jesus morresse e, com esta intenção, ele ordenou o massacre de todas as crianças de Belém e das vizinhanças, e é de se temer que os egípcios nos queimem vivos se eles souberem que este ídolo caiu"*[7].

Maria entra num templo com o Menino Jesus

Na cidade egípcia chamada Sotinen, que fica na região de Hermópolis, José e Maria entraram num templo chamado pelo povo de "Capitólio do Egito". Nele

---

6. Cf. *Evangelho árabe da infância*, 10.
7. Cf. ibid., 12.

haviam sido colocados trezentos e sessenta e cinco ídolos, aos quais, em dias determinados, era dada honra divina em cerimônias sacrílegas. No momento exato da entrada no templo, os ídolos foram jogados ao chão, quebrando-se todos. Desse modo, eles se declararam inúteis. E o que foi dito pelo Profeta Isaías se cumpriu: *"Eis que o Senhor virá numa nuvem ligeira e entrará no Egito, e todos os ídolos feitos pelos egípcios serão removidos de sua presença"*.

O governador da cidade, Afrodosius, ao ser informado do ocorrido, foi ao templo com todo o seu exército. Os sacerdotes do templo pensavam que o governador viria punir a família do Menino Jesus. O governador entrou no templo e, quando viu que todos os ídolos estavam prostrados sobre suas faces, foi até Maria e adorou a criança que ela carregava em seu seio. E enquanto ele adorava o menino, disse a seu exército inteiro e a seus amigos: *"Se ele não fosse o Deus de nossos deuses, nossos deuses certamente não teriam caído diante dele sobre suas faces, nem estariam aí prostrados em sua presença. Eles assim confessam silenciosamente que ele é seu Senhor. Se nós todos não fizermos por prudência aquilo que vemos os nossos deuses fazerem, possivelmente incorreremos em sua indignação e todos seremos destruídos, assim como aconteceu com o faraó, rei dos egípcios, que não acreditou em tais maravilhas e foi afogado no mar com seu exército inteiro"*. Então todas as pessoas daquela cidade acreditaram no Senhor Deus através de Jesus Cristo[8].

---

8. Cf. *Evangelho do Pseudo-Mateus*, 22-24. Essa narrativa parece ser uma outra versão da anterior do *Evangelho árabe da infância*, 10.

A fralda de Jesus cura um menino endemoninhado

Havia naquela cidade um menino de três anos, filho de um sacerdote que, quando estava possuído por demônios, profetizava, rasgava as roupas, corria nu pela cidade e atirava pedras nos homens. Possuído pelo mal, ele entrou no albergue, onde estavam Maria e José, e começou a insultá-los. Vendo as fraldas do Menino Jesus, que Maria havia lavado e colocado sobre umas madeiras, ele pegou uma e a colocou sobre a sua cabeça. Imediatamente os demônios fugiram, saindo pela sua boca. Eles foram vistos pela gente da cidade sob a forma de corvos e serpentes. O menino foi curado instantaneamente pelo poder do Menino Jesus. Naquele momento ele se pôs a louvar o Senhor que o havia libertado e rendeu-lhe mil ações de graças.

Quando o seu pai viu que ele havia recobrado a saúde, exclamou admirado: *"Meu filho, mas o que te aconteceu, e como foste tu curado?"* E o filho respondeu: *"No momento em que me atormentavam, eu entrei na hospedaria e lá encontrei uma mulher de grande beleza que estava com uma criança, e ela estendia sobre umas madeiras as fraldas que acabara de lavar; eu peguei uma delas e coloquei-a sobre minha cabeça e os demônios fugiram imediatamente e me abandonaram".* O pai, cheio de alegria, exclamou: *"Meu filho, é possível que essa criança seja o Filho do Deus vivo que criou o céu e a terra, e, assim que ele passou perto de nós, o ídolo partiu-se e os simulacros de todos os nossos deuses caíram, e uma força superior à deles destruiu-os".* E depois desses fatos Maria e José partiram daquela cidade[9].

---

9. Cf. *Evangelho árabe da infância*, 11.

À passagem da família de Jesus, ladrões e demônios fogem

José e Maria seguiram viagem e, ao passarem perto de um covil de ladrões, os quais tinham como presas os viajantes, despojando-os de seus pertences, algo inusitado ocorreu. Os ladrões, ouvindo barulhos parecidos aos de uma escolta real, fugiram apavorados, deixando os objetos roubados e as pessoas que haviam sido acorrentadas por eles. Estes cortaram as cordas, retomaram os seus pertences e exclamaram: *"Onde está este rei cujo cortejo, com seu barulho, assustou os ladrões a ponto de eles terem fugido e nos libertado?"*[10]

Ao chegarem a uma cidade, uma mulher, filha de pessoas nobres do lugar, há muito estava endemoninhada. Quando um espírito rebelde se apossava dela, ela tirava a roupa e fugia para locais desertos, sobretudo perto de sepulturas, ali apedrejava os transeuntes. Maria a viu e teve compaixão. Naquele momento, satanás a deixou em forma de um rapaz, que exclamou: *"Infeliz de mim, por tua causa, Maria, e por causa de teu filho!"* A mulher, libertada, vestiu suas roupas e foi contar o fato a seus pais, os quais acolheram Maria e José por um dia em sua casa e por eles tiveram uma grande admiração[11].

Tendo Jesus ao colo, uma muda volta a falar

Na cidade seguinte, havia uma festa de casamento e uma mulher que havia se tornado muda por obra de

---

10. Ibid., 13.
11. Ibid., 14.

um espírito maligno. Quando Maria entrou na cidade, trazendo nos braços seu filho Jesus, aquela mulher, avistando-o, correu ao seu encalço e pegou o menino em seus braços, abraçou-o e apertou-o junto ao seu seio e cobriu-o de carinho. Imediatamente, o laço que travava sua língua partiu-se e seus ouvidos se abriram, e ela começou a glorificar e a agradecer a Deus que a havia curado. Houve uma grande festa pelo ocorrido. Todos louvavam a Deus que os havia visitado com os seus anjos. Maria e José permaneceram ali três dias. Os habitantes do lugar lhes ofereceram provisões para a viagem[12].

A água perfumada, na qual Jesus é banhado, cura lepra

Ao pararem em uma próspera cidade, lá havia uma mulher que trazia sobre o seu ventre um demônio em forma de serpente. Quando esta mulher viu Maria com o Menino Jesus, que ela trazia contra o seu seio, pediu a Maria que lhe permitisse segurar e beijar a criança. E assim ocorreu. E satanás fugiu dela.

No dia seguinte, essa mesma mulher preparou água perfumada para lavar o Menino Jesus e, após o haver lavado, guardou a água. Uma jovem, cujo corpo estava coberto por uma lepra branca, lavou-se com essa água e foi imediatamente curada. O povo dizia então: *"Não resta dúvida de que José e Maria e esta criança sejam deuses, pois eles não podem ser simples mortais"*.

---

12. Cf. ibid., 15.

A jovem que foi curada pediu e recebeu permissão de José e Maria para acompanhá-los na viagem. Chegando a uma cidade, onde havia o castelo de um poderoso príncipe, eles foram até lá e ali se hospedaram. A jovem, aproximando-se da esposa do príncipe, encontrou-a triste, a chorar; então, perguntou-lhe qual a causa daquele pesar. E ela respondeu-lhe: *"Não te espantes de me ver entregue à aflição; estou em meio a uma grande calamidade, que eu não ouso contar a ninguém"*. A jovem tornou: *"Se me confessares qual é teu mal, talvez encontres remédio junto a mim"*. A esposa do príncipe disse-lhe: *"Não revelarás este segredo a ninguém. Casei-me com um príncipe cujo império, semelhante a um império de um rei, estende-se por vastos estados, e, após haver vivido por muito tempo com ele, não teve de mim nenhum descendente. Finalmente, eu concebi, mas trouxe ao mundo uma criança leprosa; após havê-lo visto, ele não quis reconhecê-lo como seu filho, e me disse: 'Mata esta criança ou entrega-a a uma ama que a crie num local tão afastado que jamais voltemos a ouvir dela. E pega o que é teu, pois não te verei nunca mais'. Eis por que me entrego à dor, deplorando a calamidade que sobre mim se abateu, e choro por meu marido e por meu filho"*. A jovem voltou a afirmar: *"Pois não te disse que eu tenho para ti o remédio que te havia prometido? Eu também fui atingida pela lepra, mas fui curada por uma graça de Deus, que é Jesus, o filho de Maria"*. A mulher perguntou-lhe então onde estava este Deus do qual ela falava. A jovem lhe explicou: *"Ele está bem aqui, nesta casa"*. Perguntou a princesa: *"Como pode ser isso, onde está ele?"* A jovem esclareceu: *"Aqui estão José e Maria, e a criança que está com eles é Jesus, e foi Ele quem me curou dos meus sofrimentos. E por que meio* – disse a mulher – *pôde Ele te curar? Não vais me contar?"* A jovem completou: *"Recebi de sua mãe a água na qual Ele havia sido lavado, e espalhei-a então sobre meu corpo, e minha lepra desapareceu"*. A esposa do príncipe ergueu-se então e recebeu José e Maria, e preparou para José um magnífico festim, para o qual muitas pessoas foram convidadas. No dia seguinte, ela pegou água perfumada a fim de lavar o Senhor Jesus, e lavou com esta mesma água o seu filho, que ela havia trazido consigo, e logo ele se curou da lepra. Então, ela pôs-se a cantar louvores a Deus e a render-lhe graças, dizendo-lhe: *"Feliz da mãe que te gerou, ó Jesus! A água com a qual o teu corpo foi lavado cura os homens que têm tua natureza"*. Ela ofereceu presentes a Maria e dela despediu-se, tratando-a com grande deferência"[13].

O Menino Jesus quebra dois encantos masculinos

José, Maria, o Menino Jesus e a moça que fora curada da lepra seguiram viagem. Eles pararam numa cidade e entraram em uma casa de homem recém-casado, que, atingido por um encanto, não podia desfrutar sua esposa. Por terem dormido naquela casa, o encantamento foi quebrado. A família lhes preparou um banquete. Resquício da memória desse episódio ficou conservado na crença popular de que, se um recém-nascido for colocado na cama de um casal estéril e nela urinar, este terá filhos.

No dia seguinte, em uma outra cidade, eles encontraram três irmãs que choravam perto de um túmulo. Acompanharam-nas até à casa delas. A moça que es-

---

13. Cf. ibid., 16-18.

tava com José e Maria viu no quarto das três irmãs um mulo ornado com uma manta de seda e forragem à sua frente e as irmãs beijando-o, enquanto comia. A jovem então lhes disse: *"Ó minha senhora, como é belo este mulo!"* Ao que elas responderam, chorando: *"Este mulo que estás vendo é nosso irmão que nasceu de nossa mãe. Nosso pai deixou-nos com sua morte grandes riquezas, e nós só tínhamos este irmão, para quem tentávamos encontrar um casamento conveniente. Porém, mulheres dominadas pelo espírito da inveja lançaram sobre ele, sem que soubéssemos, encantamentos. E, certa noite, um pouco antes do amanhecer, estando fechadas as portas da nossa casa, encontramos nosso irmão transformado em mulo, tal qual o vês hoje. Entregamo-nos à tristeza, visto que não tínhamos mais nosso pai para consolar-nos; consultamos todos os sábios do mundo, todos os magos, os feiticeiros, tentamos de tudo, mas nenhum deles nada pôde fazer por nós. Eis por que, sempre que nosso coração está a ponto de explodir de tristeza, nós nos levantamos e vamos junto com a nossa mãe que aqui está ao túmulo de meu pai e, após haver chorado, retornamos para cá"*.

A jovem lhes explicou que fora curada pela água do menino que o casal trazia com eles. Ela lhes orientou que contassem a mesma história para Maria e que lhe suplicassem a quebra do encanto. E assim ocorreu. Maria, comovida e chorando assim como as mulheres, ergueu o Menino Jesus e colocou-o sobre o dorso do mulo, dizendo: *"Meu filho, cura este mulo através do teu grande poder e faze com que este homem recobre a razão, da qual foi privado"*. Nem bem estas palavras haviam saído dos lábios de Maria e o mulo já havia retomado a forma humana. E mostrou-se sob os traços de um belo rapaz, e não lhe restava nenhuma deformidade. E ele, sua mãe e suas irmãs adoraram Maria e, erguendo o menino acima de suas cabeças, o beijavam, dizendo: *"Feliz de tua mãe, ó Jesus, Salvador do mundo! Felizes os olhos que gozam da felicidade da tua presença"*.

As irmãs, tendo se alegrado com o ocorrido, pediram a Maria que a moça que a acompanhava pudesse se casar com o irmão delas. E assim ocorreu. Um grande banquete foi preparado e se realizaram as bodas. E a dor se transformou em alegria com a presença do Menino Jesus e de seus pais[14].

O Menino Jesus prevê a sua morte na cruz com dois ladrões ao seu lado

José, Maria e o Menino Jesus, tendo chegado a um deserto infestado por ladrões, dois deles, de nomes Tito e Dímaco, aproximaram-se para defendê-los dos seus companheiros que dormiam. Tito pediu ao seu companheiro que os deixassem ir em paz. Dímaco não concordou. E Tito lhes deu quarenta dracmas. Maria lhes agradeceu e o Menino Jesus prenunciou a sua mãe: *"Daqui a 30 anos, ó minha mãe, os judeus me crucificarão em Jerusalém, e estes dois ladrões serão postos na cruz ao meu lado, Tito à minha direita, Dímaco à minha esquerda, e neste dia Tito me precederá no Paraíso"*. E quando ele assim falou, sua mãe lhe disse: *"Que Deus afaste de ti semelhante desgraça, ó meu filho!"*[15]

---

14. Cf. ibid., 19-22.
15. Cf. ibid., 23.

O Menino Jesus ainda opera outros portentos

Durante a viagem, uma cidade repleta de ídolos foi transformada em um monte de areia com a simples presença deles. Perto de uma árvore, um sicômoro, o Menino Jesus fez brotar uma fonte de água para Maria lavar a sua túnica. O local passou a produzir um bálsamo que veio do suor que saiu do corpo do Menino Jesus[16].

O peixe dissecado que voltou a viver

Ainda no Egito, quando o Menino Jesus completou três anos, vendo os meninos brincando, Ele se colocou no meio deles. Ele pegou um peixe dissecado, colocou-o em uma bacia e ordenou-lhe que começasse a bater a cauda. E assim o peixe dissecado o fez. O Menino Jesus se dirigiu novamente ao peixe com estas palavras: *"Vamos, tire o sal e joga-te na água"*. E tudo aconteceu como Ele dissera. Alguns vizinhos, então, que haviam visto o ocorrido, saíram e foram contar para a mulher, em cuja casa estava hospedada a sua mãe, Maria. A mulher, tomando conhecimento do fato, mandou-os embora imediatamente de sua casa[17].

O Menino Jesus ri do professor e é expulso da cidade

Certa vez, o Menino Jesus passeava com Maria, sua mãe, no foro da cidade, quando avistou um professor

---

16. Cf. ibid., 24.
17. Cf. *Evangelho da infância de Tomé latino*, 4.

dando aulas para alguns meninos. Uns pássaros que brigavam caíram sobre o professor. O Menino Jesus, vendo aquilo, riu e parou. O professor, ao perceber a alegria do menino, ficou com raiva e disse aos alunos: *"Ide, trazei-o aqui"*. O mestre tomou o Menino Jesus pela orelha e lhe disse: *"O que você viu para começar a rir?"* Ele explicou: *"Veja, você tinha a mão cheia de trigo. Eu a mostrei para os pássaros e esparramei os grãos. Eles, ao verem o grão, começaram a brigar. Eis o motivo da disputa"*.

O Menino Jesus não saiu dali até que se cumpriu o que ele disse. Então, o professor o expulsou, juntamente com a mãe, para fora da cidade[18].

A última intervenção do Menino Jesus no Egito

A família do Menino Jesus estava na cidade de Mesren. Ali havia um santuário dedicado ao deus Febo Apolo. A população local estava em festa em homenagem a essa divindade, com a preparação de sacrifícios de bois e ovelhas brancas. O Menino Jesus se aproximou do templo e leu uma inscrição grega que afirmava ser Apolo o doador de todo o bem e da vida a todo o ser humano. O Menino Jesus, irritado com aquela afirmação e tremendo, olhou para o céu e disse: *"Pai, chegou a hora: glorifica teu filho"*. E naquele momento a cidade tremeu e o templo desabou. Muitas pessoas morreram. Houve comoção na cidade pelo ocorrido. Alguém se lembrou de ter ouvido a fala do Menino Jesus imediatamente antes do ocorrido. Eles foram até à casa de José,

---

18. Cf. ibid., 2,1-2.

o interrogaram e o ameaçaram, dizendo que a presença deles trazia coisas ruins para a cidade.

Maria se ajoelhou diante do Menino Jesus e lhe suplicou que os perdoasse e não se irritasse com eles, pois eram todos ignorantes. O Menino Jesus, mesmo não querendo, atendeu à súplica da mãe. Ele foi até onde estavam os cadáveres. Andando no meio deles, lhes deu ordens para que se levantassem. E assim ocorreu. Como sonâmbulos, eles caminhavam ao redor do Menino Jesus. As pessoas se alegraram com o fato e quiseram adorar o Menino Jesus, que saiu do meio delas sem dizer nada[19].

O Menino Jesus se torna amigo de Lázaro

Depois disso, José resolveu ficar mais três meses no Egito. Ele conheceu a família de Eleazar, um judeu que também havia fugido para o Egito, por causa da perseguição de Herodes. Eleazar era o pai de Marta, Maria e do então, ainda criança, Lázaro. O Menino Jesus ficara muito amigo de Lázaro e com ele brincava como dois irmãos[20].

A volta para Israel

De volta para a Judeia, José, Maria e o Menino Jesus visitaram, na cidade de Mênfis, o faraó[21]. Depois disso, partiram.

19. Cf. *Evangelho armênio da infância*, 15,6-22.
20. Cf. ibid., 15,5
21. Cf. *Evangelho árabe da infância*, 25.

Considerações

A ida de Jesus ao Egito é uma das histórias do menino que mais se conservou no imaginário e na piedade popular. Como vimos nos apócrifos, o Menino Jesus, ainda bebê, é capaz de controlar a situação na perigosa viagem para o Egito. Até animais ferozes defendem a família de Jesus, indicando o caminho e adorando o Menino Jesus.

O Menino Jesus cuida com carinho de sua mãe, fazendo brotar água para saciar a sua sede, bem como lhe oferece alimento de uma palmeira, da qual um ramo é levado aos céus por um anjo, a pedido do Menino Jesus. A palmeira, no judaísmo, era o símbolo da Torá, da vida. Enviar um de seus ramos ao Paraíso, tendo o fato sido relacionado com a sua mãe, seria o mesmo que ligar a vida de Deus com a vida divinal que sua mãe simboliza ao gerá-lo. Mais tarde, dois anos depois de sua ressurreição, Jesus, em forma de grande anjo, aparece-lhe no Monte das Oliveiras – monte é lugar do encontro com Deus – e lhe oferece um ramo de palmeira, anunciando que, em três dias, aconteceria sua ascensão ao Paraíso. Maria, então, poderia voltar para o lugar onde já estava antes, isto é, junto de Deus[22]. Jesus veio da vida, no Paraíso, com o seu símbolo de vida, um ramo de palmeira, assim como aquele que o anjo havia levado. O anjo é Deus. Jesus é Deus, que é vida eterna. A religiosidade popular conservou essa tradição ao oferecer a Maria, por mãos de crianças vestidas

---

22. Cf. FARIA, J.F. *História de Maria, mãe e apóstola de seu Filho, nos evangelhos apócrifos.* 2. ed. Petrópolis: Vozes, 2006, p. 144-149.

de anjo, uma palma nas tradicionais coroações de Nossa Senhora, no mês de maio.

O poder do Menino Jesus se manifesta de vários modos. Quando entra num templo, os ídolos se quebram. Ladrões e demônios fogem. Uma mulher, que trazia no ventre um demônio em forma de serpente, beija o Menino Jesus para se livrar de satanás. O fato lembra o episódio da mulher no Paraíso, Eva, que é enganada pela serpente (Gn 3,1-7). Aqui, uma mulher pagã se encontra com a nova Eva, Maria, que trouxe ao mundo o vencedor da serpente do mal, Jesus. O beijo, que significa transmitir o conhecimento, é capaz de dar a conhecer ao mundo o seu Salvador, o vencedor do demônio, libertando até mesmo a mulher que se deixou enganar pela serpente. O simbolismo nos apócrifos é muito marcante e assim deve ser compreendido.

Os milagres do Menino Jesus no Egito servem para apresentá-lo com poder diante dos egípcios. Por suas ações milagreiras, até um peixe dissecado volta a viver. Destaque ainda para as fraldas e a água do banho do Menino Jesus. Um simples toque em alguma delas é capaz de curar, realizar milagres e até quebrar encantos. Mais adiante, fora do Egito, veremos que o poder da fralda e da água do banho retorna nos relatos. Interessante também é o fato da divulgação do milagre pelos que são curados, assim como nos canônicos. Uma jovem que tinha sido curada pela água do banho do Menino Jesus conta o fato para uma princesa, que tinha um filho leproso, e este também foi curado.

Outros dois fatos interessantes do Menino Jesus no Egito são: o seu riso diante de um professor e o início de sua amizade com Lázaro, a quem ele ressuscitaria mais tarde, como atestam os evangelhos canônicos (Jo 11,1-43).

Como explicar tantos fatos ocorridos no Egito? Por que os canônicos não se preocuparam com isso? É o que veremos a seguir.

6

Jesus foi ou não ao Egito? Seu sentido teológico

A permanência do Menino Jesus no Egito é narrada como uma grande viagem. José, Maria e Jesus parecem sempre estar a caminho, o que nos lembra a ação missionária do Jesus adulto. A ida ao Egito cumpre o papel messiânico do Menino Jesus. Ele é o novo Moisés. Jesus vai ao Egito para de lá voltar como o novo libertador de Israel.

Por outro lado, os cristãos coptas do Egito acreditam que José, Maria e Jesus viajaram por muitas cidades do alto e baixo Egito, num período de três anos e meio, quando o Menino Jesus realizou vários milagres. Essa tradição é alimentada pela visão que teve o Patriarca Teófilo, escrita em uma crônica, que leva o nome de *Mimar*. Muitas igrejas coptas estão localizadas nos lugares considerados memórias dos fatos. São quinze os centros de peregrinação, com imagens do Senhor Jesus bebê com Maria. No norte da antiga Heliópolis – atual cidade do Cairo –, que em grego significa "Cidade do Sol", em um local chamado de *Ma-ta-Ra*, nome do deus Sol do Egito, há um tronco de uma velha árvore de nome árvore de Santa Maria, um sicômoro, do qual o Menino Jesus fizera brotar água para sua mãe. Os cristãos coptas visitam muito esse local para expressar sua devoção à sagrada família, sobretudo na época do Natal[1]. Expressões de piedade popular, como tocar, beijar e mastigar seu caule, são realizadas com o intuito de arrumar marido e bênção para os filhos.

Os evangelhos canônicos não deram muita ênfase ao fato da permanência do Menino Jesus no Egito, por causa da magia egípcia e da tendência de identificá-la com ações milagreiras de Jesus, prática comum na Antiguidade. E isso foi o que fez, mais tarde, o filósofo Celso, quando escreveu, afirmando que, no Egito, Jesus aprendeu a arte da magia, e, por isso, fazia milagres, mas que ele não era o Messias e nem Filho de Deus. Também o Talmud babilônico (séc. VI E.C.) diz que Jesus trouxe "bruxaria do Egito por meio de arranhões sob a forma de encantos sobre a sua carne" e que ele "praticava magia e que levou Israel a extraviados".

A ligação mágica das ações milagreiras de Jesus no Egito foi refutada por Orígenes, que escreveu *Contra Celso* (séc. III). Também Eusébio de Cesareia trata a presença do Menino Jesus no Egito como um exílio. Ele escreve: "Eis que o Senhor está sentado em uma nuvem de luz e, chegando ao Egito, os ídolos do Egito serão abalados pela sua presença, e seus corações darão

---

1. Cf. VERNET, J.M. *Jesus* – Um menino no Egito. Petrópolis: Vozes, 2008, p. 98.

lugar dentro de si"². Para Eusébio, a ida de Jesus ao Egito foi uma metáfora para a encarnação, o ato de Deus "tornar-se carne" em Jesus Cristo. O poder de Jesus, o Verbo encarnado, levou os ídolos do Egito à destruição, conforme os relatos apócrifos complementares ao cristianismo hegemônico.

Mesmo que não tenhamos como definir, a partir dos apócrifos, se a presença do Menino Jesus no Egito seja de um ou três anos, os apócrifos oferecem informações aberrantes e complementares ao fato de que a comunidade do Evangelho de Mateus não duvidou em afirmar: Jesus esteve no Egito. *"O anjo do Senhor manifestou a José em sonho e lhe disse: 'Levanta-te, e toma o menino e sua mãe e foge para o Egito. Fica lá até que eu te avise, porque Herodes vai procurar o menino para matá-lo'. Ele se levantou, tomou o menino e sua mãe, durante a noite, e partiu para o Egito. Ali ficou até a morte de Herodes, para que se cumprisse o que dissera o Senhor por meio do profeta: 'Do Egito chamei o meu filho"* (Mt 2,13-15). Outro texto canônico muito utilizado na Antiguidade para justificar a ida de Jesus ao Egito foi Is 19,1: *"O Senhor, montado em uma nuvem veloz, vai ao Egito. Os deuses do Egito tremem diante dele e o coração dos egípcios se derrete no seu peito"*.

O *Evangelho árabe da infância* diz: "Do Egito, eu chamei o meu filho!", para cumprir a profecia de Oseias (Os 11,2)³. A indicação profética faz referência ao Messias que viria salvar Israel do opressor, mas é também Israel, tido como filho de Deus, que é chamado para

---

2. Cf. *Prova do Evangelho*, LXX.
3. Cf. *Evangelho árabe da infância*, 12.

uma vida de liberdade. Moisés foi o grande libertador do povo de Deus após 400 anos de opressão. Assim como Moisés, o Menino Jesus foi ao Egito, para de lá sair como o novo libertador. Moisés se encontrou com o faraó. José, Maria e o Menino Jesus também se encontraram com o faraó antes de partir do Egito e voltar para Israel.

Nas narrativas apócrifas, sejam elas complementares ou aberrantes, o bebê e Menino Jesus já pôde manifestar ao mundo a sua capacidade de fazer milagres e curar endemoninhados e hansenianos. Salta aos olhos o cuidado da criança para com os pais. Ele faz brotar água para a mãe; uma palmeira se inclina para lhe oferecer água de coco. Os ídolos do Egito são vencidos com a simples presença do Menino Jesus. As famílias do Menino Jesus e Lázaro se tornam amigas no Egito. Esse fato explica a amizade duradoura e a ressurreição do amigo operada por Jesus, em Betânia. Como nos canônicos, o Menino Jesus prevê a sua morte. Ele chega a vislumbrar a presença de ladrões ao seu lado. Ladrões que até mesmo o defendem em viagem. Lidas fora do seu contexto, as narrativas apócrifas da ida ao Egito podem parecer meras fantasias. Assim, esses textos merecem ser vistos no seu contexto histórico e como traços de fé da piedade popular, os quais persistem até os nossos dias.

Levando em consideração os apócrifos, a tradição apostólica e a piedade popular, mesmo que queiramos postular que Jesus nunca tenha ido ao Egito, e que essa questão seja mais teológica que real, haveremos de concordar que o Menino Jesus esteve, sim, no Egito.

7

De passagem por Belém

Recém-chegados do Egito, estando próximos de Belém, José teve medo de entrar na cidade, pois ficou sabendo que Herodes estava morto, mas que seu filho, Arquelau, havia-lhe sucedido no trono. O anjo de Deus apareceu-lhe e disse-lhe: "*José, vai para a cidade de Nazaré e estabelece ali tua residência*"[1]. Mesmo assim, José e Maria permaneceram em Belém por um pequeno espaço de tempo, antes de partirem definitivamente para a cidade de Nazaré, onde estabeleceriam residência fixa.

Os milagres e curas ocorridos em Belém são realizados por Jesus, ainda bebê, fato que entra em contradição com as narrativas da permanência no Egito, quando o Menino Jesus já teria a idade entre três e três anos e meio.

---

1. Cf. *Evangelho árabe da infância*, 25-26.

A água do banho do Menino Jesus realiza curas

Havia em Belém um surto de doenças graves e difíceis de ser curadas. Muitas crianças, infestadas nos olhos, morriam. E uma mulher que tinha um filho atacado por esse mal levou-o a Maria, e encontrou-a banhando o Senhor Jesus. E a mulher disse: *"Ó Maria, vê meu filho que sofre cruelmente"*. Maria, ouvindo-a, ordenou-lhe: *"Pega um pouco desta água com a qual eu lavei meu filho e espalha-a sobre o teu"*. A mulher fez como lhe havia recomendado Maria, e seu filho, depois de uma forte agitação, adormeceu e, quando acordou, estava completamente curado. A mulher, cheia de alegria, foi até Maria, que lhe disse: *"Rende graças a Deus por Ele haver curado o teu filho"*[2].

A vizinha dessa mesma mulher tinha um filho que fora atingido pela mesma doença. Ele já estava com os olhos quase fechados. Essa mulher a aconselhou a fazer uso da água do banho de Jesus. E assim ela procedeu. Pegou dessa água e derramou sobre seu filho, o qual ficou também curado. Ela levou, então, o seu filho em perfeita saúde para Maria, que lhe recomendou que rendesse graças a Deus e que não contasse a ninguém o que havia acontecido[3].

Uma hanseniana de Belém implorou piedade a Maria, ao que ela respondeu: *"Espera um pouco até que eu tenha banhado e posto meu filho na cama"*. Após o banho, Maria lhe deu um vaso cheio da água do banho de seu

---

2. Cf. ibid., 27.
3. Cf. ibid., 28.

filho e lhe disse: "*Pega um pouco desta água e espalha-a sobre o seu corpo*". E assim a mulher fez e foi curada[4].

A fralda do Menino Jesus expulsa demônios

Essa mulher partiu, depois de três dias, para uma cidade onde morava um príncipe que havia desposado a filha de outro príncipe. Ao vê-la, o príncipe percebeu que ela tinha entre seus olhos as marcas da lepra sob a forma de uma estrela. Por causa disso, o seu casamento foi declarado nulo. A princesa, então, com as mãos unidas sobre a cabeça, chorava amargamente. Estando com ela, esta mulher lhe perguntou sobre o motivo de suas lágrimas. E ela lhe respondeu que não lhe poderia revelar a sua desgraça. Procurando por sua mãe, esta mulher a aconselhou a procurar Maria, a mãe de Jesus, na cidade de Belém, e lhe implorar com fé a cura de sua filha. E assim aconteceu. Maria, após tê-la ouvido, deu-lhe um pouco da água na qual ela havia lavado seu filho Jesus, e disse-lhe para derramá-la sobre o corpo da possuída. Em seguida, deu-lhe uma fralda do Menino Jesus e disse-lhe: "*Pega isto e mostra-o a teu inimigo, todas as vezes que o vir*", e despediu-as com suas bênçãos[5].

E aconteceu que, quando a princesa que havia sido curada pela água do banho de Jesus foi atormentada por satanás em forma de um grande dragão, ela tomou a fralda de Jesus que havia ganhado de Maria, e, tremendo de medo, colocou-a sobre a sua cabeça e a desdobrou. Dela saíram chamas que se dirigiam à cabe-

---

4. Cf. ibid., 31.
5. Cf. ibid., 32.

ça e aos olhos do dragão, e ouviu-se uma voz que gritava: "*Que há entre ti e mim, ó Jesus, filho de Maria? Onde encontrarei um abrigo que me livre de ti?*" E satanás fugiu apavorado, abandonando essa jovem, e nunca mais apareceu[6].

Bartolomeu, prestes a morrer, foi curado, ao ser deitado ao lado do Menino Jesus

A mãe de Bartolomeu, aquele de quem fala o Evangelho, tinha dois filhos. Os dois ficaram doentes. Um morreu e Bartolomeu agonizava para morrer. A sua mãe o tomou nos braços e foi até Maria, e aos prantos disse-lhe: "*Ó minha senhora, vem em meu auxílio e tem piedade de mim; eu tinha dois filhos e acabo de perder um, e vejo o outro a ponto de morrer. Imploro a misericórdia do Senhor*". E pôs-se a gritar: "*Senhor, Tu és pleno em clemência e compaixão; Tu me deste dois filhos, me levaste um deles, pelo menos me deixaste o outro*". Maria, testemunha de sua extrema dor, sentiu pena e disse-lhe: "*Coloca teu filho na cama de meu filho e cobre-o com suas roupas*". Quando a criança foi colocada na cama, ao lado de Jesus, seus olhos já cerrados pela morte abriram-se, e, chamando sua mãe em voz alta, pediu-lhe pão; quando lhe deram, comeu-o. Então sua mãe disse: "*Ó Maria, eu sei que a virtude de Deus habita em ti, a ponto de teu filho curar as crianças que o tocam*"[7].

---

6. Cf. ibid., 33.
7. Cf. ibid., 30.

As duas mulheres de um mesmo homem e rivais, e, novamente, a fralda do Menino Jesus e menino jogado no forno

Em Belém havia duas mulheres casadas com um mesmo homem, e cada uma delas tinha um filho doente. Uma se chamava Maria e seu filho, Cleófas. Esta mulher levou seu filho a Maria, mãe de Jesus, e ofereceu-lhe uma bela toalha, dizendo-lhe: *"Maria, recebe de mim esta toalha e, em troca, dá-me uma das tuas fraldas"*. Maria consentiu e a mãe de Cleófas confeccionou, com esta fralda, uma túnica, com a qual vestiu seu filho. Ele ficou curado e o filho de sua rival morreu no mesmo dia, o que causou profundos ressentimentos entre essas duas mulheres. Elas se encarregavam, em semanas alternadas, dos trabalhos caseiros, e um dia, em que era a vez de Maria, a mãe de Cleófas, ela estava ocupada aquecendo o forno para assar o pão, e, precisando de farinha, deixou seu filho perto do forno. Sua rival, vendo que a criança estava sozinha, pegou-a, jogou-a no forno em brasa e fugiu. Maria retornou logo em seguida, mas qual não foi o seu espanto quando ela viu seu filho no meio do forno, rindo, pois ele havia subitamente esfriado, como se jamais houvesse sido aquecido, e ela suspeitou que sua rival o havia jogado ali. Tirou-o de lá e levou-o até a Virgem Maria, e contou-lhe o que havia acontecido. E Maria disse-lhe: *"Cala-te, pois eu receio por ti se divulgares tais coisas"*.

Em seguida, a rival foi buscar água no poço e viu Cleófas brincando. Ao perceber que não havia ninguém por perto, pegou a criança e jogou-a no poço. Alguns homens que haviam vindo para tirar água viram a criança sentada na água, sem nenhum ferimento, e, por meio de cordas, tiraram-na de lá. E ficaram tão admirados com esta criança que lhe renderam as mesmas homenagens devidas a um deus. E sua mãe, chorando, carregou-o até Maria e contou-lhe o ocorrido: *"Ó minha senhora, vê o que minha rival fez ao meu filho, e como ela o fez cair no poço. Ah! Ela acabará, por certo, causando-lhe a morte"*. Maria respondeu-lhe: *"Deus punirá o mal que te foi feito"*. Alguns dias depois, a rival foi buscar água no poço e seus pés enroscaram-se na corda, de modo que ela caiu nele, e, quando acorreram, acharam-na com a cabeça partida. Ela morreu, portanto, de uma forma funesta; a palavra do sábio se cumpre em si: *"Cavaram um poço e jogaram a terra em cima, mas caíram no poço que eles mesmos haviam preparado"*[8].

Considerações

A passagem do Menino Jesus por Belém foi rápida[9], segundo os apócrifos, mas não por menos revelou o seu poder de curar e expulsar demônios. Novamente, a água do seu banho e suas fraldas revelaram o seu poder. Destaque para a fralda que Maria deu para uma princesa que tinha lepra entre seus olhos em forma de estrela, bem como para o fato de que era atormentada por satanás em forma de dragão. Dessa fralda, colocada sobre a cabeça da princesa, saíram chamas que se di-

---

8. Cf. ibid., 29.
9. Nos relatos apócrifos também não fica claro se os fatos que passaremos a relatar acontecem em Belém ou Nazaré. Belém é citada, mas no capítulo anterior do *Evangelho árabe da infância*, o vinte e seis, consta que José partiu para Nazaré.

rigiam à cabeça e aos olhos do dragão, o qual, apavorado e vencido, fugiu. Esse fato relembra um outro, que vimos anteriormente, o da faixa entregue aos reis magos, que não se queimou no fogo. Aqui, a fralda emite chamas nos olhos de satanás, de onde também sai luz, para dar a conhecer que luz de Jesus é Deus que vence o demônio. Interessante também é o fato de que a lepra entre os olhos da princesa estava em forma de estrela, lembrando a mesma luz da estrela que levou os magos a Belém.

Outro fato relevante em relação às roupas do Menino Jesus foi o caso do filho de Cleófas, que, vestido de uma túnica que o Menino Jesus tinha vestido, não se queimou em um forno aceso, que foi resfriado quando o menino foi jogado ali por uma mulher má. Nota-se que a luz que é Jesus apaga o fogo natural, para que ele possa resplandecer como luz divina.

O papel de Maria é notório nesses episódios. É ela quem dá os encaminhamentos e é louvada pela grandeza do filho, reconhecido como divino. Da mesma forma, ela adverte às pessoas que foram curadas que não contassem o fato para outras pessoas. Maria, que simplesmente age como mediadora na realização desses milagres, assume a postura que o próprio filho adotaria na fase adulta (Mt 8,1-4).

A lembrança do Apóstolo Bartolomeu, que foi salvo de uma doença de morte por um simples contato com o Menino Jesus, também por meio de suas roupas, assim como o caso das fraldas, contrasta com a de outra criança, que também se tornaria apóstolo, Judas Iscariotes, apresentada como malvada desde pequena. Esse fato acontecerá em Nazaré.

O Evangelho de Mateus diz que a passagem do Menino Jesus por Belém foi evitada por José, que teve medo, ao saber que Arquelau, o filho de Herodes, era rei da Judeia. Primeiramente, o anjo do Senhor lhe aparece em sonho, avisando-o de que Herodes havia morrido e dando-lhe ordem para tomar o menino e sua mãe e partir para a terra de Israel. José parte em viagem. Noutro momento, ele é avisado também em sonho de que o seu destino deveria ser a Galileia. E José vai morar em uma cidade chamada Nazaré, para que se cumprisse o que foi dito pelos profetas: *"Ele será chamado de Nazareu"* (Mt 2,19-23). O caminho a ser seguido foi o de Nazaré.

8

A caminho de Nazaré

Ao saírem de Belém e seguindo as ordens do anjo de Deus que aparecera a José e lhe dissera: *"José, vai para a cidade de Nazaré e estabelece ali tua residência"*[1]. Eles foram para Nazaré, que fica ao norte de Israel. Alguns fatos aconteceram nesse percurso. Vejamos alguns deles.

Em Moab, o Menino Jesus é acusado de ter matado um menino que caiu do terraço enquanto brincava

Nas terras de Moab, o Menino Jesus estava no terraço de uma casa, brincando com outras crianças. Uma delas, por causa do cansaço, subiu no muro do terraço e sentou-se ali para descansar. O sol estava muito quente. O menino ficou sonolento e caiu lá de cima, vindo a falecer, pois batera com a cabeça no chão que era de pedra. Seu crânio se abriu e espalhou sangue pelas pedras. O seu grito na hora da queda foi tamanho,

---

1. Cf. *Evangelho árabe da infância*, 25-26.

que todas as crianças, apavoradas, correram. Os adultos vieram e recolheram o morto, levando-o para a casa de seus pais. Mais tarde, eles perguntaram para as crianças o que havia acontecido. Elas responderam que não sabiam. Os pais do menino morto exigiram que as crianças se reunissem com o escriba local, que fazia a vez de juiz. Os meninos foram interrogados e negaram que algum deles tivesse empurrado o menino. O juiz lhes assegurava que somente um pagaria pelo ocorrido. Mais tarde, um dos meninos, o mais velho, teve a ideia, e todos aceitaram, de colocar a culpa no Menino Jesus, que era estrangeiro. *"Que ele seja condenado à morte e estaremos livres"*, diziam. Os meninos voltaram a dar depoimentos e acusaram o Menino Jesus. O juiz mandou José vir em sua presença, e este afirmou que seu filho não teria feito aquilo.

No mesmo instante, o Menino Jesus se apresentou no meio deles por conta própria. Todos ficaram admirados. E o Menino Jesus perguntou: *"A quem estais procurando?"* E eles responderam: *"O filho de José, o carpinteiro!"* O juiz começou a interrogá-lo e a pedir que lhes contasse como agiu com tanta maldade. Então, o Menino Jesus, serenamente, começou a falar para o escriba: *"Juiz! Não julgues com parcialidade, porque é um pecado na posição em que ocupas e um erro contra ti mesmo"*. O juiz, espantado, respondeu: *"Eu não te julgo sem motivo, mas por boa razão. Os companheiros do menino morto, que estavam contigo, testemunharam contra ti"*. E o Menino Jesus lhe retrucou: *"E quem testemunha a sinceridade deles?"* O juiz respondeu: *"Eles mesmos testemunharam que são inocentes e que tu és o réu de morte"*. O Menino Jesus continuou o seu discurso, dizendo que se alguém testemunha contra ele é digno de fé, mas que os meninos, com medo de morrer, uniram-se para dar falso testemunho, pois, para eles, ele era estrangeiro e pobre. E o Menino Jesus ainda desafiou o juiz sobre a possibilidade de ele, o Menino Jesus, estar mentindo. O juiz ficou pensativo e perguntou-lhe pela atitude a ser tomada. E o Menino Jesus lhe sugeriu que buscasse testemunha para ambas as partes. Enquanto o juiz, não sabendo o que fazer, os meninos, novamente, em uníssono, acusaram o Menino Jesus. *"Este garoto fez muitas coisas ruins contra nós e contra outros meninos da cidade, e nós nada lhe fizemos"*, confirmaram. Nesse instante, o juiz disse ao Menino Jesus que tinha muitas provas contra ele e que ele não podia contestar nada.

Então, o Menino Jesus ficou muito aborrecido e disse ao juiz que ficaria estupefato com o que ocorreria. Naquele instante, o Menino Jesus se aproximou do menino morto, pegou-o pela roupa e ordenou em voz alta: *"Abbias, filho de Tamar, levanta-te, abre os olhos dessa gente e conta a todo mundo como, na verdade, ocorreu a tua morte"*. O menino morto se levantou e começou a mexer os olhos e a reconhecer algumas pessoas pelo nome. Seus pais lhe cobriram de beijos e lhe perguntaram pelo que tinha acontecido com ele. E ele lhes respondeu que nada aconteceu. E o Menino Jesus lhe pediu que contasse como foi a sua morte. E aquele menino, olhando fixamente para o Menino Jesus, para o juiz e para seus pais, disse: *"Jesus, tu não és responsável pelo meu sangue, nem tampouco os meninos que estavam contigo. Eu caí sozinho, vencido pelo cansaço e pela moleza causada pelo sol. Meus companheiros tinham medo de morrer, então te acusaram"*.

E o Menino Jesus, triunfante, perguntou ao escriba: *"Agora acreditas em mim?"* O juiz não respondia nada. Os presentes ficaram em silêncio e se perguntavam quem era aquele menino com tais poderes. Abbias permaneceu três horas com seus pais, sem se mexer. Após esse tempo, o Menino Jesus disse: *"Abbias, volta a dormir até acordares na ressurreição universal"*. O menino inclinou suavemente a cabeça e novamente dormiu o sono da morte.

O juiz e os pais do menino pediram ao Menino Jesus que concedesse vida ao garoto. E o Menino Jesus, dirigindo-se ao juiz, disse-lhe: *"Indigno magistrado e mau intérprete da lei, como ousas falar-me de equidade e justiça, enquanto tu e toda a cidade, há poucos instantes, estavas disposto a condenar-me sem motivo? Visto que não me escutaste, eu tampouco o farei"*. E dando meia-volta sem ressuscitar de novo o menino, deixou a todos mudos de espanto[2].

Um menino morto por insolação é ressuscitado pelo Menino Jesus

Ao saírem de Moab, José, Maria e o Menino Jesus continuaram o caminho para Nazaré. Eles pararam em uma cidade, onde encontraram um menino que havia se perdido no campo e morrera de sede e insolação. O Menino Jesus o curou e ele voltou a viver[3].

---

[2]. Esse relato encontra-se no *Evangelho armênio da infância*, 16, 1-15, registrado por PIÑERO, A. *O outro Jesus segundo os evangelhos apócrifos*. São Paulo: Paulus/Mercuryo, 2002, p. 67-71.
[3]. Cf. *Evangelho armênio da infância*, 17, 2-3.

O milagre da tinturaria

Ainda em viagem, em outra cidade, o Menino Jesus, brincando e correndo com outras crianças, passou em frente à loja de um tintureiro que se chamava Salém. Ele tinha reunido tecidos que pertenciam a um grande número de habitantes da cidade. Salém se preparava para os tingir de várias cores. O Menino Jesus entrou na loja, pegou todas as peças de tecido e as jogou na caldeira.

Salém virou-se e, vendo todas as peças perdidas, pôs-se a gritar e a repreender o Menino Jesus, dizendo: *"Que fizeste tu, ó filho de Maria? Prejudicaste a mim e aos meus concidadãos; cada um pediu uma cor diferente, e tu apareceste e puseste tudo a perder"*. O Menino Jesus respondeu: *"Qualquer fazenda que queiras mudar a cor, eu mudo"*. E ele se pôs a retirar as fazendas da caldeira, e cada uma estava tingida da cor que desejava o tintureiro. E os judeus, testemunhas desse milagre, celebraram o poder de Deus[4]. E o tintureiro despediu o Menino Jesus com gestos de espanto.

O bastão que se tornou uma árvore para abrigar sua mãe

Maria, José e o Menino Jesus iam de Tiro e Sidon para Nazaré. Um forte sol queimava a todos. Maria, já exausta e sentada no chão, rogou a Deus que lhe concedesse uma sombra e lhe desse refrigério para a sua alma, pois naquele lugar não havia nenhuma árvore. O

---

4. Cf. *Evangelho árabe da infância*, 36.

Menino Jesus, ao ouvir as suas preces, tomou um bastão de pau seco que levava em suas mãos e o cravou no chão, ordenando-lhe: *"Proporciona, neste momento, uma sombra agradável para minha mãe"*. E, no mesmo instante, o bastão se transformou em uma árvore frondosa. E Maria descansou com alegria[5].

Considerações

A caminho de Nazaré, a família de Jesus parava para descansar e reabastecer os animais e a si mesmos. E o Menino Jesus, quando possível, brincava com outras crianças. Alguns episódios marcam essa etapa da peregrinação da família de Nazaré. Todos eles têm como objetivo demonstrar o poder do Menino Jesus de ressuscitar e fazer milagres. No primeiro deles, o menino que caiu do terraço tem ligação com o episódio da acusação de Jesus diante de Pilatos (Jo 18,28-40). Diante de uma falsa acusação contra ele, o Menino Jesus foi capaz de se defender e mostrar a veracidade dos fatos. Em relação ao texto canônico, o Menino Jesus levou até o fim a sua argumentação, provando a sua inocência. O Jesus adulto também argumenta defendendo a sua proposta de Reino, mas de modo brando, com Pilatos, e este conclui que Ele não é culpado. No apócrifo, o culpado é o juiz; já no canônico, o juiz-rei, Pilatos, não é culpado, e tampouco Jesus. Percebe-se nos apócrifos e canônicos uma disposição tal das narrativas de modo que Pilatos e o Império Romano fossem inocentados pela morte de Jesus. Bom, mas essa é uma outra questão.

---

5. Cf. *Livro da infância do Salvador*, 5.

O Menino Jesus também operou a ressurreição de um menino morto por insolação, bem como realizou o milagre na tinturaria. Devolver a vida para quem morreu de insolação é o mesmo que ensinar que Jesus é água viva, como no episódio da samaritana (Jo 4,5-42).

Maria, mais uma vez, é tratada com carinho pelo Menino Jesus, que proporciona sombra sob uma árvore frondosa, milagrosamente surgida de um bastão. A relação entre a mãe Maria e seu filho Jesus é apresentada nos apócrifos da infância e nos marianos de forma muito carinhosa. O Menino Jesus cerca a sua mãe de cuidados e ela, de forma recíproca, faz o mesmo. Vimos que, no Egito, uma palmeira se curvou para dar-lhe de comer do seu fruto. Agora, a caminho de Nazaré, uma árvore lhe oferece sombra e repouso. É também nos apócrifos que encontramos a narrativa do encontro maternal e filial entre o Jesus adulto e sua mãe, antes de Ele iniciar a sua vida apostólica. Maria o coloca no colo e o incentiva a partir em missão, sem medo do que viria pela frente. O diálogo entre os dois, neste momento, é de rara beleza maternal e literária[6]. Nos evangelhos canônicos, Maria é apresentada mais como mulher que exercia certa liderança no grupo dos seguidores de Jesus e no próprio Jesus (Jo 2,1-2), do que como mãe que deve receber um carinho especial do filho. Já em missão, quando Ele toma conhecimento de que sua mãe e seus irmãos estão à sua procura, Jesus afirma que sua mãe e seus irmãos são todos aqueles que fazem a vontade de seu Pai (Mt 12,46-50).

---

6. Cf. FARIA, J.F. *História de Maria, mãe e apóstola de seu Filho nos evangelhos apócrifos*. 2. ed. Petrópolis: Vozes, 2006, p. 110-115.

O caminho de volta para a Palestina é, pois, marcado pelo cuidado do Menino Jesus e pela demonstração de sua divindade e, por isso, era capaz de operar maravilhas, como seria o adulto dos canônicos.

9

As travessuras do Menino Jesus

Quando o Menino Jesus chegou a Nazaré, ele já tinha cerca de cinco anos. Aí ele viveu o resto de sua infância, fazendo travessuras, como todas as crianças, mas também realizando milagres. Ele gostava de brincar com os seus companheiros nas montanhas, represar águas de chuvas, saltar montanhas, quebrar vasos, sentar em raios de sol, etc. Muitos meninos gostavam de seguir Jesus para se divertirem em sua companhia. Em quase todas as suas travessuras estão expressos o seu poder divino e sua humanidade.

Os relatos que seguem foram agrupados segundo as temáticas: travessuras, milagres, poder de matar, curar e ressuscitar, seu período na escola, inteligência e sabedoria.

O menino borracha e o salteador de montanhas

Certa feita, um pai de família, o mais velho dentre os juízes da sinagoga, os fariseus, os escribas e os doutores, irritado com o fato de seu filho ser muito amigo do Menino Jesus, de quem ele dizia que se passava por Deus, resolveu prender o seu filho em uma torre muito forte e sólida, a qual tinha apenas uma porta e uma janela estreita com um buraco.

O Menino Jesus chegou para brincar com os seus companheiros e deu-se conta de que o seu colega estava preso. À presença do Menino Jesus, ele lhe dissera: *"Jesus, queridíssimo companheiro, ao ouvir tua voz, minha alma regozijou-se e senti-me cheio de alívio. Por que me deixas aqui encarcerado?"* E o Menino Jesus lhe respondeu: *"Estende-me uma mão ou um dedo pelo buraco"*. Aquele menino estendeu a mão e o Menino Jesus o puxou. E ele saiu como uma borracha sem se machucar. O Menino Jesus lhe pediu: *"Reconhece o poder de Deus e na tua velhice conta o que Ele te fez na tua infância"*. E aquela criança foi embora com o Menino Jesus para brincar com ele.

Irritado, o pai daquele menino foi ter com José, que nada pôde fazer. Com um pedaço de pau em punho, aquele homem lhe saiu ao encalço e encontrou o Menino Jesus brincando com outras crianças, no topo de um monte, sob o qual estava uma plantação de favas. Para se defender daquele homem, o Menino Jesus deu um salto, assim como de uma flecha em um arco, do cume daquele monte a ponto distante. Os seus companheiros tentaram fazer o mesmo e se quebraram todos, pernas, braços e pescoço. O local dessa peripécia do Menino Jesus ficou conhecido como "Salto do Senhor".

Tendo crescido ainda mais a irritação dos pais daqueles meninos com José e Maria, o Menino Jesus curou a todos e os deixou mais sadios que antes. Essa atitude do Menino Jesus provocou a admiração daqueles pais e a adoração dele como Senhor Deus[1].

Subindo em raios do sol

De outra feita, o Menino Jesus, percebendo que os seus companheiros estavam por perto, e que os raios de sol entravam com vigor em sua casa, iniciou a brincadeira de subir nos raios do sol, colocar as suas vestes sobre os mesmos e sentar-se soberanamente. Os seus colegas tentavam fazer o mesmo, caíam e se machucavam. Ao verem aquilo, Maria e José pediram ao Menino Jesus que os curasse. O Menino Jesus soprava sobre as feridas, dizendo: *"O Espírito assopra onde quer e devolve a saúde a quem lhe apraz"*. Aquele fato ficou conhecido por todo Israel. E a fama de Jesus se dava a conhecer entre os seus[2].

Transformando crianças em carneiros

Ao desejar brincar com algumas crianças que estavam em uma praça, o Menino Jesus foi até a elas, as quais imediatamente se esconderam em uma casa. Indo até ao local, Jesus perguntou a algumas mulheres se as crianças estavam ali. Essas negaram. Olhando para o portal da casa, Jesus lhes perguntou pelo que viam e elas disseram que eram arcos de três anos de idade. No mesmo instante, o Menino Jesus gritou: *"Saí, carneiros, e vinde em direção ao vosso pastor"*. No mesmo

---

1. Cf. *Livro da infância do Salvador*, 1-2.
2. Cf. ibid., 6.

instante, as crianças saíram transformadas em carneiros e começaram a saltar em seu redor.

As mulheres, estupefatas, começaram a adorar o Menino Jesus e imploravam: "*Ó Jesus, filho de Maria, nosso Senhor, Tu és verdadeiramente o bom pastor de Israel; tem piedade de tuas servas que estão em tua presença e que não duvidam, Senhor, que Tu vieste para curar, e não para perder*". E ainda disseram, após terem ouvido de Jesus que as crianças de Israel estavam entre os povos como os etíopes: "*Senhor, conheces as coisas, e nada escapa à tua infinita sabedoria; pedimos e esperamos a tua misericórdia, que devolvas a estas crianças sua antiga forma*". O Menino Jesus, tendo retornado as crianças ao seu estado normal, chamou-as para brincar com ele[3].

Brincando de rei

Era o 12º mês do calendário judaico, o mês de Adar, equivalente aos nossos meses de fevereiro e março. O Menino Jesus reuniu as crianças e se colocou como rei no meio delas. As crianças estenderam as suas roupas no chão para fazê-lo sentar-se sobre elas, colocaram sobre sua cabeça uma coroa de flores, e, como os satélites que acompanham um rei, elas se enfileiraram à *sua* direita e à *sua* esquerda. Se alguém passava por lá, as crianças o faziam parar à força e diziam-lhe: "*Vem e adora o rei, para que obtenhas uma feliz viagem*"[4].

---

3. Cf. *Evangelho árabe da infância*, 39.
4. Cf. ibid., 40.

Quebrando cântaros

O Menino Jesus tinha o costume de levar outros meninos até à fonte de água da cidade de Nazaré. Quando lá chegava, ele tomava os cântaros que eles levavam para buscar água, batia-os uns contra os outros ou contra as pedras e jogava-os no fundo do poço. Os outros meninos, sem poder levar água para a casa, com medo dos pais, começavam a chorar. Jesus, então, vendo-os chorar, compadecia-se deles e lhes dizia: "*Não choreis mais, que eu devolverei vossos cântaros*". E dando ordens aos caudais das águas, estes arremessavam de volta os cântaros intactos para a superfície. Cada um pegava o seu e voltava ao seu lar, contando a todos os milagres do Menino Jesus[5].

Abaixando árvores para nelas subir

Certa vez, estando acampado à sombra de uma gigantesca árvore com um grupo de garotos, o Menino Jesus deu ordens para que ela inclinasse seus ramos. Ele subiu e ficou em cima de seu topo. Mandou, depois, que ela se endireitasse, e ele elevou-se, dominando assim toda aquela paisagem. E ali ele ficou por uma hora, até que os garotos começassem a gritar, dizendo-lhe: "*Manda que a árvore se incline para que possamos subir contigo*". Jesus assim fez e lhes disse: "*Vinde depressa junto a mim*". E eles subiram e ficaram alegres ao seu lado. Pouco depois, o Menino Jesus ordenou que a árvore inclinasse de novo seus ramos. E, de-

---

5. Cf. *Evangelho armênio da infância*, 23.

pois que todos haviam descido, a árvore recuperou sua posição original[6].

Brincando com leõezinhos

Quando o Menino Jesus tinha oito anos, ele saiu de Jericó e foi ao Rio Jordão. À beira da estrada, perto da margem do Jordão, havia uma caverna na qual uma leoa alimentava seus filhotes. Todos tinham medo de passar por ali. Na presença de muitas pessoas, o Menino Jesus entrou na caverna. Vendo-o, os leõezinhos vieram ao seu encontro e o adoraram, bem como corriam ao seu lado, brincando com ele. Os leões mais velhos observavam e o adoravam com a cauda. Os presentes ficaram estupefatos e diziam que os pais do menino não eram pecadores, caso contrário, ele teria sido devorado. Maria e José, um pouco afastados, observavam.

O Menino Jesus, então, saiu da caverna com os leõezinhos brincando com ele, e disse a todos: "*Quão melhores do que vós são os animais! Eles conhecem seu Senhor e o glorificam, ao passo que vós, homens, que sois feitos à imagem e semelhança de Deus, o ignorais. As feras me reconhecem e se tornam mansas; os homens me veem e não me reconhecem*".

Em seguida, o Menino Jesus fez com que as águas do Rio Jordão se dividissem à direita e à esquerda. Ele, então, enviou os leões para o outro lado, dizendo-lhes: "*Ide em paz e não façais mal a ninguém; também*

---

6. Cf. ibid., 23.

os homens não vos façam mal, até que retorneis para o lugar do qual saístes"[7].

Considerações

As travessuras do Menino Jesus têm como objetivo demonstrar que Jesus era um menino igual a tantos outros. Capaz de brincar e ter amiguinhos. A diferença, no entanto, reside no fato de ele ter usado seu poder divino nas brincadeiras pueris. Ele era o que toda criança imagina ser: um super-herói, um todo-poderoso, que podia subir em raios e abaixar árvores para se colocar em seu topo a fim de demonstrar supremacia diante dos presentes.

Notório é o fato de ele transformar crianças em carneiros. Esse fato relembra o episódio dos canônicos que trata da temática do Bom Pastor (Jo 10). Até os animais reconhecem o poder divino do Menino Jesus. O mesmo tinha ocorrido na sua ida para o Egito, quando leões, leopardos e animais selvagens acompanhavam e reverenciavam o Menino Jesus. Foi também nessa mesma viagem que o Menino Jesus desceu do colo de Maria e apaziguou dragões ferozes. Como Moisés, ele dividiu as águas ao meio, no caso, o Rio Jordão, símbolo de vida e da entrada do povo de Deus na Terra Prometida, sob a tutela de Josué.

---

7. Cf. *Evangelho do Pseudo-Mateus*, 35-36.

10

Milagres e curas do Menino Jesus

O substantivo milagre vem do latim *miraculum*, que deriva do verbo *mirare*, em português, maravilhar-se. Milagre é uma intervenção divina em condições humanas, transformando-as para melhor, no caso, por exemplo, de uma cura, provocando maravilhas nos espectadores e, por fim, direcionando o fato em prol do sagrado que a realiza.

Se o Jesus adulto, por ser divino, foi capaz de realizar muitos milagres, com o Menino Jesus não fora diferente. O mais popular dos milagres apócrifos do menino foi o que se segue, o de transformar pássaros de barro em aves verdadeiras, mas muitos outros ele realizou, os quais têm sua correlação com as narrativas canônicas. Vejamos.

O milagre dos doze passarinhos em dia de sábado

Quando o Menino Jesus tinha cinco anos de idade, num dia de sábado, ele estava brincando com outras crianças, depois da chuva, no leito de um riacho. Ele represava as águas da correnteza em pequenas poças, as fazia cristalinas e as dominava com a sua palavra.

Com uma massa mole de terra ele fez também uma dúzia de passarinhos. Um judeu, vendo o que Jesus estava fazendo em dia de sábado, foi até a seu pai e lhe disse: *"José, o teu filho está no riacho, e juntando um pouco de barro fez uma dúzia de passarinhos, profanando com isso o dia do sábado"*.

José foi até ao local e, ao vê-lo, ralhou com ele, dizendo: *"Por que fazes no dia de sábado o que não é permitido fazer?"* O Menino Jesus, no entanto, batendo palmas, dirigiu-se às imagens e lhes deu a seguinte ordem: *"Voem!"* E, no mesmo instante, os passarinhos foram todos embora, gorjeando. Os judeus, ao verem isso, encheram-se de admiração e foram contar aos seus superiores o que haviam visto o Menino Jesus fazer[1].

Os vasos de barro quebrados e reconstituídos

Perto da casa do Menino Jesus, em Nazaré, havia uma fonte, onde Maria costumava buscar água para as lidas da casa. Essa fonte ainda existe e é chamada de "Fonte da Virgem", ou de "São Gabriel", pois foi ali que o Anjo Gabriel lhe aparecera. Certa feita, Maria pediu ao Menino Jesus que fosse até a essa fonte para buscar água em um cântaro. Os amiguinhos do Menino Jesus fizeram o mesmo, cada qual com o seu cântaro. Na volta, o Menino Jesus resolveu quebrar o seu vaso, o

---

1. Cf. *Evangelho do Pseudo-Tomé*, 2.

que foi seguido pelos demais meninos. Houve um tumulto entre todos os que presenciaram a cena. O Menino Jesus, querendo ensinar com aquele gesto, tomou os cacos dos cântaros e recompôs cada um deles do jeito como estavam, perfeitos e com água. No fim, ele concluiu: *"Pai, desta mesma maneira hão de ser consertados os homens que confusos pereceram"*[2].

A água carregada no manto

Aos seis anos de idade, o Menino Jesus recebeu de Maria a ordem de ir buscar água no poço. Tendo retirado a água, ao colocar o cântaro cheio na cabeça, este se partiu. Estendendo o seu manto, o Menino Jesus recolheu a água e a levou para sua mãe. Admirando-se do fato, Maria guardou no coração o que havia visto[3].

O Menino Jesus fazia imagens de animais e pássaros e lhes dava ordens para andar e voar

O Menino Jesus já havia completado sete anos. Ele brincava com outras crianças de sua idade, fazendo, com terra molhada, diversas imagens de animais, de lobos, de asnos, de pássaros. Cada um elogiava o seu próprio trabalho, esforçando-se para que fosse melhor que o de seu companheiro. Então, o Menino Jesus disse para as crianças: *"Ordenarei às figuras que eu fiz que an-*

---

2. Cf. *Livro da infância do Salvador*, 7.
3. Cf. *Evangelho árabe da infância*, 44. • *Evangelho do Pseudo-Tomé*, 11, em que se diz que o Menino Jesus tropeçara com o vaso, motivando o seu rompimento.

dem, e elas andarão". E elas lhe perguntaram se ele era o filho do Criador. O Menino Jesus ordenou às imagens que andassem e elas imediatamente andaram. Quando ele as mandava voltar, elas voltavam. Do mesmo modo, ele ordenava que elas voassem. Ele chegou a dar de comida para elas, que comiam e bebiam. Terminada a brincadeira, as crianças foram embora e contaram tudo a seus pais, os quais lhes ordenaram: *"Fugi, daqui em diante, de sua companhia, pois ele é um feiticeiro, deixai de brincar com ele"*[4].

A multiplicação da colheita

Certa ocasião, José foi semear trigo, e o Menino Jesus foi com ele. José semeou em toda a extensão de seu campo. No tempo da colheita, ele voltou com o Menino Jesus e colheu muitas vezes mais o que havia plantado, o que equivale a cem alqueires de trigo, três a quatro vezes mais que a sua terra. Ele pediu ao Menino Jesus que chamasse os pobres para repartir com eles. E quanto mais repartia, mais a colheita aumentava. E todos eram unânimes em dizer que o Senhor havia visitado o seu povo[5].

O grão de trigo que se multiplicou

Em outra oportunidade, quando o Menino Jesus contava com oito anos de idade, ele foi com o seu pai para semear trigo. Enquanto José semeava, o Menino

---

4. Cf. *Evangelho árabe da infância*, 35.
5. Cf. *Livro da infância do Salvador*, 3.

Jesus teve vontade de semear apenas um grãozinho. No tempo da colheita, esse grão se multiplicou em cem coros. José convocou todos os pobres da região e repartiu com eles a colheita e ainda levou para si o restante[6].

Cura de um leproso

Ainda com a idade de oito anos, o Menino Jesus estava com sua mãe na fonte de Nazaré, ajudando-a a buscar água. Ali eles ouviram a cantiga dos leprosos. Todos deviam se afastar deles, conforme o costume dos antigos, por medo de se contagiar com a doença. O Menino Jesus saiu correndo na frente e entrou em casa, com a mãe, e ficaram observando a passagem deles. Um leproso o olhou fixamente. O Menino Jesus se soltou dos braços de Maria e foi ao seu encontro, perguntando-lhe: *"Como te chamas? Por que estás assim! É verdade que fizestes algo muito errado? Não te preocupes, pedirei ao meu Pai que te cure. Tens sede? Espera que eu vou te trazer água"*.

O Menino Jesus entrou novamente em casa. Pegou uma tigela com água e pediu permissão à mãe para lhe dar de beber. O doente pegou, bebeu da água e pediu a Maria que lhe desse a tigela de presente. O Menino Jesus acariciou a sua mãe enquanto o homem bebia da água. O doente partiu. Mais tarde, espalhou-se a notícia de que um leproso havia se curado ao beber água da fonte de Nazaré. E todos acorriam à fonte em busca de cura[7].

---

6. Cf. *Evangelho do Pseudo-Tomé*, 12.
7. Cf. *Evangelho secreto da Virgem*, apud FARIA, J.F. *História de Maria, mãe e apóstola de seu Filho, nos evangelhos apócrifos*. 2. ed. Petrópolis: Vozes, 2006, p. 110-111.

Com a imposição das mãos, o Menino Jesus ajeitava as madeiras para seu pai

O Menino Jesus sempre acompanhava seu pai José nos trabalhos de marcenaria que ele realizava: catres, arcas e portas. José não era muito hábil no seu ofício, por isso necessitava da ajuda do Menino Jesus para retocar a sua obra com a imposição das mãos do filho. E assim, para tornar a obra mais comprida ou mais curta, mais larga ou mais estreita, o Menino Jesus estendia a mão e ela ficava do jeito que José queria.

E aconteceu que o rei de Jerusalém encomendou a José que lhe fizesse um trono segundo as dimensões do lugar onde ele costumava sentar-se. José, obedecendo ao rei, tendo uma madeira do tempo do Rei Salomão, passou dois anos no palácio para elaborar tal trono. E quando ele foi colocado no lugar onde deveria ficar, perceberam que de cada lado faltavam dois palmos da medida fixada. Então, o rei ficou bravo com José, que, temendo a raiva do monarca, não conseguiu comer e deitou-se em jejum.

O Menino Jesus lhe perguntou qual era a causa do seu receio, e ele respondeu: *"É que a obra na qual trabalhei durante dois anos está perdida"*. E o Menino Jesus o acalmou, dizendo-lhe: *"Não tenhas medo e não percas a coragem; pega este lado do trono e eu o outro, para que possamos dar-lhe a medida exata"*. E ordenou ao pai que puxasse a madeira do trono para um lado. O trono obedeceu ao comando e ficou exatamente com a dimensão desejada. Os assistentes, ao verem esse milagre, ficaram estupefatos e deram graças a Deus[8].

8. Cf. *Evangelho árabe da infância*, 37- 38.

A madeira esticada

Em outra oportunidade, José assumiu o encargo de fazer uma cama para um rico. E aconteceu que, ao iniciar a obra, José percebeu que uma das tábuas era mais curta que a outra, e ele não sabia o que fazer. O seu ajudante havia cortado uma madeira menor que a outra. Então, o Menino Jesus, vendo a preocupação do seu pai, disse-lhe: *"Põe no chão ambas as tábuas e iguala-as pela metade"*. Assim fez José. O Menino Jesus foi até à outra extremidade, pegou a tábua mais curta e a esticou, deixando-a tão comprida quanto a outra. José encheu-se de admiração ao ver o prodígio e cobriu o menino de abraços e beijos, exclamando: *"Feliz de mim, porque Deus me deu este menino"*[9].

O milagre do morto que falou

O Menino Jesus estava brincando em cima de um telhado com outras crianças, quando uma delas caiu e morreu. Todas as crianças fugiram e o Menino Jesus ficou ali, sozinho. Os pais do menino morto chegaram e o acusaram: *"Foste tu que empurraste nosso filho do alto do telhado"*. Jesus negou o fato, mas eles repetiam mais alto: *"Nosso filho morreu e eis aqui quem o matou"*. E Jesus protestou: *"Não me acuseis de um crime do qual não tendes nenhuma prova; mas perguntemos à própria criança o que aconteceu"*. E o Menino Jesus desceu e colocou-se perto da cabeça do morto e lhe ordenou em voz alta: *"Zeinon, Zeinon, quem foi que te empurrou do alto do telhado?"* E o

---

9. Cf. *Evangelho do Pseudo-Tomé*, 13. • *Evangelho do Pseudo-Mateus*, 37.

morto confessou: "*Senhor, não foste tu a causa da minha queda, mas foi o terror que me fez cair*". E o Menino Jesus recomendou aos presentes que prestassem atenção a essas palavras, e todos ali louvaram a Deus por esse milagre[10].

Cura de hemorragia em um lenhador

Um jovem lenhador estava cortando lenha nas redondezas, e aconteceu que o machado escapou e cortou a planta do seu pé. Ele já estava morrendo por causa da hemorragia provocada. Uma grande multidão se reuniu ao seu redor. Veio também o Menino Jesus que, abrindo passagem à força por entre a multidão, chegou junto ao ferido e apertou o seu pé. No mesmo instante, ele ficou curado. O Menino Jesus disse, então, ao lenhador: "*Levanta-te agora mesmo, continua a cortar lenha e lembra-te de mim*". A multidão, percebendo o que havia acontecido, adorou o Menino Jesus, proclamando: "*Verdadeiramente o Espírito de Deus habita nesse menino*"[11].

Considerações

As narrativas apócrifas dos milagres do Menino Jesus querem demonstrar que o mesmo poder do adulto Jesus já estava com o menino, que o utilizou para o bem. Nem mesmo o preceito do sábado o impediu de realizar milagres.

---

10. Cf. *Evangelho árabe da infância*, 43. Essa narrativa se parece com aquela ocorrida em Moab, com o menino Abbias.
11. Cf. *Evangelho do Pseudo-Tomé*, 10.

Jesus veio para salvar o mundo. Os seus milagres são sinais de seu poder como filho de Deus. O *Evangelho árabe da infância* abre seu relato afirmando que Jesus, ainda no berço, disse a sua mãe Maria: "*Eu, que nasci de ti, sou Jesus, o Filho de Deus, o Verbo, como te anunciou o Anjo Gabriel, e meu Pai me enviou para a salvação do mundo*"[12]. Foi essa consciência de seu poder divino, revelada por Deus, que o impulsionou a realizar milagres e curas, até mesmo para ajudar o seu pai, quando a madeira não apresentava o tamanho suficiente. Nota-se, nesse milagre, o fato de a natureza já morta, uma árvore transformada em madeira, ter obedecido aos comandos do Menino Jesus.

O mais famoso milagre apócrifo do Menino Jesus é o dos passarinhos. Em dois relatos parecidos, descreve-se o milagre do grão de trigo e da colheita que se multiplicou e foi distribuída aos pobres, episódios que nos relembram a multiplicação dos pães, narrada nos canônicos (Jo 6,1-14). Em relação aos vasos, cântaros quebrados, eles aparecem em duas narrativas. A primeira delas, como vimos anteriormente, teve a conotação de travessura. O Menino Jesus quebrava os cântaros dos seus amiguinhos para brincar. Neste episódio, o Menino Jesus quebra o seu vaso e os seus amigos fazem o mesmo. Então, o Menino Jesus ensina a partir do fato, fazendo uma comparação dos cacos com os homens confusos que perecem e serão consertados pelo Pai. Ocorre um milagre que, remetido ao sagrado, serve como indicação de transformação do ser humano, assim como o milagre do grão de trigo, que também deixa o seu ensinamento: a partilha farta a todos e nin-

---

12. Cf. *Evangelho árabe da infância*, 1.

guém passará fome. Diferentemente do milagre dos passarinhos, que simplesmente demonstrou o poder divino interferindo na natureza. Nesses milagres permanecem o inusitado e a admiração daqueles que os presenciam: "O Senhor visitou o nosso povo". O povo reconhecia publicamente o poder do Menino Jesus e a presença do Espírito de Deus que nele habitava. Fato ressaltado no caso do lenhador que teve a sua hemorragia estancada. O Menino Jesus aperta o pé do camponês. Pode parecer um simples recurso médico, mas não o é. O mundo antigo não tinha consciência disso. Esse milagre recorda o canônico da hemorroíssa (Mt 9,18-22) que toca o manto de Jesus para ser curada. No tempo bíblico, pensava-se que a vida estava no sangue, daí a proibição da transfusão de sangue – ainda em nossos dias apregoada pelas Testemunhas de Jeová, as quais receiam que a vida possa ser perdida ou trocada. Simbolicamente, o Menino Jesus toca o pé do lenhador para assegurar-lhe a vida, de modo que ele possa continuar a sua caminhada. Os pés representam a raiz do ser humano, sua vida a caminho. A mulher hemorroíssa, considerada impura nas leis judaicas por causa do sangue menstrual, toca a roupa de Jesus para ser curada, e o é pela fé. Vale lembrar o episódio, que vimos em outros relatos apócrifos, da fralda do Menino Jesus que também dá a vida.

11

Seu poder de matar e ressuscitar

Vários relatos dos evangelhos da infância mostram um Menino Jesus capaz de usar a sua força divina para matar outras crianças que o ameaçavam, bem como de ressuscitá-las.

Punido com a morte e ressuscitado pelo Menino Jesus

Quando o Menino Jesus completou quatro anos, num dia de sábado, ele brincava com outras crianças à beira do Rio Jordão. Fez sete laguinhos e os interligou. A água ia da corrente ao lago e voltava para a torrente. Um dos meninos, ficando com inveja, fechou a entrada da água para os canais. O Menino Jesus lhe disse: "*Ai de ti, filho de morte, filho de satanás. Ousas destruir o que eu fiz?*" Naquele instante, o menino caiu morto. Os pais do menino morto ficaram nervosos com Maria e José. E lhes disseram: "*Vosso filho amaldiçoou o nosso filho, que morreu*".

José e Maria foram falar com o Menino Jesus. José disse secretamente a Maria que não mais conseguiria falar com ele. Se ela lhe perguntasse o porquê de tais coisas, ele diria que elas suscitam a ira do povo contra eles. E Maria, aproximando-se, disse-lhe: *"Senhor meu, o que ele fez para morrer?"* Ao que o Menino Jesus respondeu: *"Era digno de morte, uma vez que desfez o que eu tinha feito"*. E Maria acrescentou: *"Não sejas assim, Senhor meu, porque todos insurgem contra nós"*. Para entristecer a sua mãe, o Menino Jesus tocou com o pé as nádegas do morto e lhe ordenou: *"Levanta-te, filho iníquo. Não és digno, com efeito, de entrar na paz do meu Pai, porque desfizeste o que eu tinha feito"*. E o morto ressuscitou e se retirou[1].

O judeuzinho que ficou seco

Em um dia de sábado, à beira de um rio, ao brincar de fazer poças de água com outras crianças, o Menino Jesus fez doze passarinhos de barro e os colocou ao redor da água, três de cada lado. O filho de Hanon, o judeu, chegando perto e vendo as crianças entretidas, interpelou-o: *"Como podeis em um dia de sábado fazer figuras com a lama?"* Em seguida, ele começou a destruir tudo. O Menino Jesus, estendendo as mãos sobre os pássaros de barro, fez com que eles saíssem voando e gorjeando. O tal filho do judeu quis também destruir a poça de água, mas a água da mesma havia desaparecido. E o Menino Jesus o repreendeu: *"Vê como esta água secou.*

---

1. Cf. *Evangelho do Pseudo-Mateus*, 26.

Assim será com a tua vida". E, naquele momento, aquela criança ficou seca como a água da poça que evaporara[2].

O filho do escriba Anás desmancha a represa do Menino Jesus e fica seco

Em outra oportunidade, o Menino Jesus estava fazendo represas com água de enxurrada. O filho do escriba Anás desmanchou-as com um bastão. Vendo isso, o Menino Jesus ficou com raiva e lhe disse: *"Malvado, ímpio e insensato. Será que as poças e as águas te estorvavam? Ficarás agora seco como uma árvore, sem que possas dar folhas, nem raiz, nem frutos"*.

Imediatamente, o menino tornou-se completamente seco. Os seus pais, chorando, tomaram o menino seco e o levaram a José e o maldisseram por ter um filho que fazia tais coisas[3].

Uma criança golpeia o Menino Jesus e é amaldiçoada de morte

Um outro dia, o Menino Jesus voltava à noite para casa com José, quando uma criança passou correndo na sua frente e deu-lhe um golpe tão violento que ele quase caiu. E o Menino Jesus disse a essa criança: *"Assim como tu me empurraste, cai e não te levantes mais"*. No mesmo instante, a criança caiu no chão e morreu[4]. As

---

2. Cf. *Evangelho árabe da infância*, 45.
3. Cf. *Evangelho do Pseudo-Tomé*, 3.
4. Cf. *Evangelho árabe da infância*, 46.

pessoas que presenciaram o fato exclamaram: *"De onde terá vindo esse menino, pois todas as suas palavras tornam-se fatos consumados?"*

Os pais do defunto foram até José e lhe disseram: *"Com um filho como esse, de duas uma: ou não podes viver com o povo ou tens de acostumá-lo a abençoar e não a amaldiçoar; pois causa a morte aos nossos filhos"*[5].

José dá um puxão de orelha no Menino Jesus por ter cegado aqueles que haviam falado mal dele

Diante da denúncia dos pais do menino que fora punido de morte por ter se esbarrado nas costas do Menino Jesus, José o chama à parte e o admoesta com essas palavras: *"Por que fazes tais coisas, se elas se tornam a causa de eles nos odiarem e perseguirem?"* E o Menino Jesus replicou: *"Bem sei que estas palavras não vêm de ti. Mas calarei por respeito à tua pessoa. Esses outros, ao contrário, receberão seu castigo"*. E no mesmo instante aqueles que haviam falado mal dele ficaram cegos. As testemunhas dessa cena encheram-se de pavor e ficaram perplexas, confessando que qualquer palavra de sua boca, fosse boa ou má, tornava-se um fato e se convertia numa maravilha. Quando José percebeu o que o Menino Jesus havia feito, agarrou sua orelha e a puxou fortemente.

O Menino Jesus, indignado com José, disse-lhe: *"A ti é suficiente que me vejas sem me tocares. Tu nem sabes*

---

5. Cf. *Evangelho do Pseudo-Tomé*, 4.

quem sou, pois se soubesses não me magoarias. E ainda que neste instante eu esteja contigo, fui criado antes de ti"[6].

A maldição do grão-de-bico

Ainda sobre sementes, conta-se que o Menino Jesus, certa ocasião, encontrou um camponês semeando grão-de-bico próximo ao túmulo de Raquel, a mãe de Israel. Ao que o Menino Jesus o indagou sobre o que semeava. Aquele homem, irritado com a pergunta que parecia idiota, respondeu: *"Pedras!"* O Menino Jesus lhe respondeu: *"Tens razão, porque efetivamente são pedras"*.

Naquele momento, todos aqueles grãos-de-bico, tanto os já semeados quanto aqueles que iriam ser semeados, transformaram-se em duríssimas pedras. Por isso o grão-de-bico conserva a forma de pedra, na cor, bem como o pequeno olho na sua cabeça. E até hoje, procurando com cuidado, podem-se encontrar as tais pedras naquele campo'"[7].

Jesus amaldiçoa e mata serpentes que atingem crianças, inclusive seu irmão

Certa feita, quando o Menino Jesus estava brincando de rei, sentado em um trono com outras crianças à sua volta, chegaram alguns homens que carregavam, em uma liteira, uma criança quase morta. Essa criança tinha ido até à montanha com seus colegas para apanhar lenha, e, tendo encontrado um ninho de perdiz,

---

6. Cf. ibid., 5.
7. Cf. *Livro da infância do Salvador*.

pôs a mão nele para retirar os ovos, mas uma serpente escondida no ninho mordeu-o. Ele chamou seus companheiros para socorrê-lo, mas, quando eles lá chegaram, encontraram-no estendido no chão e quase morto. Alguns familiares chegaram e levaram-no à cidade.

As crianças que estavam à volta de Jesus disseram aos homens que traziam a criança quase morta: *"Vinde e saudai o rei"*. Como eles não queriam aproximar-se por causa da tristeza que sentiam, as crianças trouxeram-na à força. E, quando estavam na frente de Jesus, ele perguntou-lhes por que estavam carregando aquela criança. Eles explicaram que uma serpente a havia mordido, e o Menino Jesus disse às crianças: *"Vamos juntos e matemos a serpente"*. Os pais da criança que estava prestes a morrer suplicaram para que os deixassem ficar, mas elas responderam: *"Não ouvistes o que o rei disse: Vamos e matemos a serpente, e não deveríeis seguir suas ordens?"*

Apesar da resistência, eles retornaram à montanha, carregando a liteira. Quando chegaram perto do ninho, o Menino Jesus disse às crianças: *"Não é aqui que se esconde a serpente?"* E elas responderam que sim. Jesus chamou a serpente, e essa saiu e submeteu-se a ele, que lhe ordenou: *"Vai e suga todo o veneno que espalhaste nas veias desta criança"*. A serpente, arrastando-se, sugou todo o veneno que ela havia inoculado, e o Menino Jesus, em seguida, amaldiçoou-a. Fulminada, ela morreu logo em seguida.

Então, o Menino Jesus tocou a criança com sua mão, e ela foi curada. Como essa criança se pusesse a chorar, Jesus lhe disse: *"Não chores, serás meu discípulo"*. Essa criança foi Simão de Cananeia, a quem o Evangelho se refere.

Também, com uma serpente, aconteceu um caso semelhante. José havia mandado seu filho Tiago apanhar lenha, e o Menino Jesus foi junto para ajudá-lo. Quando chegaram ao lugar onde havia lenha Tiago começou a apanhá-la, e eis que uma víbora o mordeu e ele se pôs a gritar e a chorar. E Tiago ficou caído no chão, completamente largado e quase morto. O Menino Jesus, vendo-o naquele estado, aproximou-se e assoprou o local da mordida. Imediatamente a dor desapareceu, a cobra explodiu e Tiago recobrou a saúde[8].

O Menino Jesus mata e amaldiçoa professores que o desafiam – José tem medo de que algum menino revide e mate o Menino Jesus

Diante de um professor, tido com sábio, o Menino Jesus disse a letra *aleph*. O professor havia lhe pedido que dissesse também a letra *beth*. O Menino Jesus, então, retrucou-lhe: "*Dize-me o que significa a letra aleph, e então eu pronunciarei beth*". O mestre, irritado, levantou a mão para bater nele. No mesmo instante a sua mão secou e ele morreu.

Então, José disse a Maria: "*Daqui por diante, não devemos mais deixar o menino sair de casa, pois qualquer um que se oponha a ele é fulminado pela morte*"[9]. E José disse também a Maria: "*Estou verdadeiramente triste por causa*

---

8. Cf. *Evangelho árabe da infância*, 41-42. • *Evangelho do Pseudo-Tomé*, 16.
9. Cf. *Evangelho árabe da infância*, 48.

desse menino, ao ponto de morrer. Tenho receio de que um dia alguém bata nele até a morte". Maria lhe respondeu: *"Não penses, homem de Deus, que isso possa acontecer. Aquele que o mandou nascer entre os homens o guardará de qualquer mal e o preservará do mal"*[10].

E aconteceu também que o Menino Jesus, diante de Mestre Zaqueu e de seus amigos que lhe davam conselhos em relação ao que fazer diante da sua inteligência, começou a rir deles e lhes anunciou: *"Frutificai agora vossas coisas e abri os olhos à luz aos cegos de coração. Vim de cima para amaldiçoar-vos e depois chamar-vos para o alto, pois esta é a ordem daquele que me enviou por vossa causa".*

Tendo terminado de proferir essas palavras, todos aqueles que haviam caído sob a sua maldição foram curados. E desde então ninguém ousava irritá-lo para que ele não os amaldiçoasse ou viessem a ficar cegos[11].

O Menino Jesus ressuscita um menino pela orelha

Ao ver que José estava irritado com ele, por ter sido a causa de morte de muitos meninos, o Menino Jesus afirmou a seu pai: *"Filho sábio é somente aquele que foi instruído por seu pai segundo a ciência deste tempo, e a maldição do pai atinge somente aqueles que fazem o mal".*

Ao ver que muitas pessoas se juntaram e foram a José para acusá-lo, o Menino Jesus ficou assustado. Temendo violência e diante de um menino morto, o Me-

---

10. Cf. *Evangelho do Pseudo-Mateus*, 38.
11. Cf. *Evangelho do Pseudo-Tomé*, 8.

nino Jesus o pegou pela orelha e falou com ele como se faz um pai com o seu filho. No mesmo instante o menino voltou a viver e todos ficaram estupefatos[12].

Ressurreição do menino Zenon

Certa feita, o Menino Jesus se encontrava com outros meninos num terraço de uma casa. Um dos meninos que estava com ele, de nome Zenon, caiu do alto e morreu. As outras crianças, ao verem o fato, correram todas e só ficou Jesus. Quando chegaram os pais do morto, eles puseram a culpa no Menino Jesus e o maltrataram. No mesmo instante ele deu um salto de cima do terraço, vindo a cair junto ao cadáver. E pôs-se a gritar bem alto: *"Zenon, levanta-te e responde-me: fui eu quem te empurrou?"* O morto levantou-se e respondeu a ele: *"Não, Senhor. Tu não me jogaste, porém me ressuscitaste"*. Os pais do menino morto e aqueles que presenciaram o fato ficaram admirados e passaram a glorificar a Deus por aquele maravilhoso feito e adoraram ao Menino Jesus[13].

Ressurreição de uma criança

Uma criança, vizinha do Menino Jesus, vivia doente. Depois de algum tempo, ela veio a falecer. Sua mãe chorava inconsolavelmente. O Menino Jesus, ao tomar conhecimento da dor daquela mãe e do tumulto que se formava, foi até a sua casa. Encontrando o menino já

---

12. Cf. *Evangelho do Pseudo-Mateus*, 29.
13. Cf. *Evangelho do Pseudo-Tomé*, 9.

morto, tocou-lhe o peito e lhe disse: *"Pequenino, falo contigo, não morras, mas vive feliz e fica com tua mãe".*

Naquele momento o menino abriu os olhos e sorriu. Então, disse Jesus à mulher: *"Anda, pega-o, amamenta-o e lembra-te de mim".* Os presentes, admirados com o ocorrido, exclamaram: *"Na verdade este menino ou é um Deus ou um anjo de deus, pois tudo o que sai de sua boca torna-se um fato consumado".* E o Menino Jesus saiu dali e pôs-se a brincar com os outros jovens[14].

Em Cafarnaum, José ressuscita um morto a pedido do Menino Jesus

A malícia dos adversários do Menino Jesus era tanta, que a sua família teve que se mudar para a cidade de Cafarnaum. Ali havia um homem muito rico, de nome José, que morrera por causa de uma grave doença. O Menino Jesus, sabedor do lamento de seus parentes e da população por ele, sugeriu ao seu pai: *"Por que não ofereces a ajuda de tua bondade a esse homem, que tem o mesmo nome que tu?"* José ponderou: *"Que poder eu tenho para lhe oferecer bondade?"* Então o Menino Jesus lhe disse: *"Toma o lenço que está em tua cabeça, coloca-o sobre a face do morto e dize-lhe: 'Cristo te salve!' Imediatamente o defunto será salvo e se levantará do leito".* José fez o que o Menino Jesus lhe ordenara. O morto voltou a viver, levantou-se e perguntou quem era Jesus[15].

---

14. Cf. ibid., 17.
15. Cf. *Evangelho do Pseudo-Mateus*, 39.

Judas Iscariotes, a criança malvada, que bateu no Menino Jesus

Naquela localidade havia uma mulher cujo filho era atormentado por satanás. Seu nome era Judas Iscariotes. Sempre que o espírito maligno apoderava-se dele, tentava morder todos os que estavam à sua volta e, se estivesse sozinho, mordia suas próprias mãos e membros. A mãe deste infeliz, ouvindo falar de Maria e de seu filho Jesus, foi com seu filho nos braços até Maria.

Nesse meio-tempo, Tiago e José haviam trazido o Menino Jesus para que ele pudesse brincar com as outras crianças, e eles estavam sentados fora da casa. Jesus tinha três anos. Judas aproximou-se também e sentou-se à direita de Jesus. Satanás começou a agitá-lo como sempre o fazia, e ele tentou morder Jesus. Como ele não podia alcançá-lo, dava-lhe socos no lado direito, de forma que Jesus começou a chorar. Mas, nesse momento, satanás saiu dessa criança sob a forma de um cão enraivecido. E esta criança era o mesmo Judas Iscariotes que traiu Jesus, e o lado em que ele havia batido foi aquele que os judeus trespassaram com a lança[16].

Considerações

O poder do Menino Jesus de matar. Estamos diante dos textos mais polêmicos em relação ao Menino Jesus. Como ele poderia usar o seu poder divino para matar? Deus não pode matar. Isso é coisa do Primeiro Testamento, como ensinara Marcião, o influente cristão con-

---

16. Cf. *Evangelho árabe da infância*, 34.

vertido e contrário ao judaísmo. "Marcião refutou a ideia do deus vingativo do Primeiro Testamento, pregando o Deus amoroso do Segundo Testamento, mais precisamente de Paulo. Por isso, ele dizia que havia dois deuses: o deus dos judeus, o Demiurgo, que é injusto e cheio de ira; e o Deus dos cristãos, que é de amor e de consolação. Esse Deus de amor e consolação desceu do céu e se manifestou em Cristo, que fez milagres e curas, fora crucificado como inimigo da lei pelos sequazes do Demiurgo, cujo reino deveria destruir. Os judeus não podiam ser bons, pois foram escolhidos pelo deus vingativo"[17].

Jesus menino mata para depois ressuscitar. Maria chama a atenção de seu filho por ter agido de modo tão violento. O menino responde com autoridade: "Ele era digno de morte". E, assim, o Menino Jesus agia, como se fora natural matar as crianças que o desafiavam nas brincadeiras. José também se mostra preocupado com as atitudes do filho e o que lhe poderia acontecer, pois nem os professores escapavam de suas malvadezas.

Interessante nessas histórias é o destaque dado a Judas Iscariotes, tido, este sim, como a criança malvada por ter batido no Menino Jesus. O fato foi narrado para justificar a atitude desse menino que, mais tarde, assumindo a função de apóstolo de Jesus, transformar-se-ia em um traidor do mestre, ainda um Menino Jesus. Nota-se também que, nesses relatos de poder ressuscitar do Menino Jesus, encontra-se um outro poder, o do

---

17. Cf. FARIA, J.F. *Apócrifos aberrantes, complementares e cristianismos: poder e heresias* – Introdução crítica e histórica à bíblia apócrifa do Segundo Testamento. Petrópolis: Vozes, 2009, p. 99 [Série Comentários aos Apócrifos].

saber. O Menino Jesus enfrenta e chega a matar um de seus professores, simplesmente porque esse ameaçou lhe bater.

Para demonstrar o lado bom do Menino Jesus, ele ressuscita crianças. Ele até concede ao pai José o poder de ressuscitar. A narrativa da morte e ressurreição do menino Zenon, que caiu do terraço de uma casa, é contada em três versões semelhantes: Evangelho armênio, Evangelho árabe da infância e Evangelho do Pseudo-Tomé. A história parece ter marcado as pessoas e, por isso, foi conservada sob vários ângulos: para enfatizar o poder do Menino Jesus de ressuscitar; demonstrar a necessidade do verdadeiro testemunho, mesmo que a vida tenha que retornar ao corpo humano, de modo que este fale a verdade; levar as pessoas a reconhecer o lado divino do Menino Jesus.

Diante desses textos polêmicos, resta-nos dizer que eles jamais poderão ser lidos ao pé da letra. Eles fazem parte de um gênero literário que procura exaltar o poder do Menino Jesus. Caso ele quisesse agir assim, poderia. Mas, com certeza, não o fez. O Jesus adulto, no entanto, amaldiçoou uma figueira, colocou espírito impuro em porcos que se atiraram no mar. Mas isso também não é um gênero literário? Claro que sim. A figueira representava o judeu que não seguia a Torá, os porcos, a legião de soldados romanos, os inimigos dos palestinos. O mar representava o mal, onde deviam estar os malvados opressores romanos. Porcos dificilmente seriam encontrados na Palestina. O judeu os tinha como animais impuros. Estamos diante de uma linguagem apocalíptica.

12

Inteligência e sabedoria do Menino Jesus

Os relatos apócrifos sobre o período escolar de Jesus e as suas discussões, ainda criança, com pessoas doutas, são unânimes em reconhecer a sua inteligência e a sua sabedoria.

Primeiro professor: "Não posso seguir o voo de sua inteligência!"

Havia em Jerusalém um homem chamado Zaqueu, que instruía os jovens. Vendo o modo desrespeitoso com que o Menino Jesus falava com José e, admirando as suas proezas, ele aproximou-se de José e lhe disse: *"Vejo que tens um filho sensato e inteligente. Então, mo confie para que aprenda as letras. Eu, de minha parte, juntamente com elas, ensinar-lhe-ei toda espécie de sabedoria e a arte de saudar os mais velhos, de respeitá-los como superiores e pais e de amar seus semelhantes"*[1]. E o rabino ainda lhe

---

1. Cf. *Evangelho do Pseudo-Tomé*, 6-7.

disse: "*José, por que não me envias Jesus para que ele aprenda as letras?*" José concordou, e Maria também.

Levaram, pois, a criança para o professor, e, assim que ele o viu, escreveu o alfabeto e pediu-lhe que pronunciasse *aleph*. E, quando ele o fez, pediu-lhe para dizer *beth*. O Menino Jesus disse-lhe: "*Dize-me primeiro o que significa o aleph, e aí então eu pronunciarei beth*". E o professor preparava-se para chicoteá-lo, quando o Menino Jesus pôs-se a explicar o significado das letras *aleph* e *beth*, as letras de linhas retas, as oblíquas, as que tinham desenho duplo, pontos e aquelas que não os tinham, e por que tal letra vinha antes da outra. Enfim, ele disse muitas coisas que o professor jamais ouvira e que não havia lido em livro algum. E ele ainda disse ao professor: "*Presta atenção ao que vou dizer*", e pôs-se a recitar clara e distintamente *aleph, beth, guimel, dáleth*, até o fim do alfabeto hebraico[2].

O Mestre Zaqueu explicou-lhe com grande sabedoria o alfabeto grego, desde o *alfa* até o *ômega*. O Menino Jesus fixou os olhos no rabino e lhe disse: "*Como te atreves a explicar beta aos outros, se tu mesmo ignoras a natureza do alfa? Hipócrita! Explica primeiro a letra A, se é que sabes, e depois acreditaremos em tudo o que disseres com relação a B*". E depois ele começou a interrogar o professor sobre a primeira letra, porém este não pôde responder a ele.

Ele disse, então, a Zaqueu, na presença de todos: "*Aprende, professor, a constituição da primeira letra e repara como tem linhas e traços médios, aqueles que vês unidos transversalmente, conjuntos, elevados, divergentes. Os*

---

2. Cf. *Evangelho árabe da infância*, 47.

traços cont*idos na letra A são de três sinais: homogêneos, equilibrados e proporcionados"*. O Professor Zaqueu, quando ouviu a exposição feita pelo Menino Jesus sobre tantas e tais alegorias acerca das primeiras letras, ficou desconcertado diante da resposta e da erudição que ele manifestava. E disse aos presentes: *"Pobre de mim! Não sei o que fazer, pois eu mesmo procurei a confusão ao trazer este jovem para junto de mim. Leva-o, então, irmão José, rogo-te. Não posso suportar a severidade do seu olhar. Não consigo fazer com que seu discurso seja inteligível para mim. Este jovem não nasceu na terra. É capaz de dominar até mesmo o fogo. Talvez tenha nascido antes da criação do mundo. Não sei qual o ventre que pôde tê-lo carregado e qual seio pôde havê-lo nutrido. Ai de mim! Meu amigo, estou aturdido. Não posso seguir o voo de sua inteligência. Enganei-me, pobre de mim: queria muito ter um aluno e deparei-me com um mestre. Percebo perfeitamente, amigos, a minha confusão; pois, velho e tudo o mais, deixei-me vencer por uma criança. É de se ficar arrasado e morrer por causa desse jovem, pois neste momento sou incapaz de olhá-lo fixamente. Que vou responder quando todos me disserem que me deixei vencer por um rapazote? Que vou explicar a respeito do que ele me disse sobre as linhas da primeira letra? Não sei, amigos, porque ignoro a origem e o destino dessa criatura. Por isso te rogo, irmão José, que o leves para casa. É algo extraordinário: ou um deus ou um anjo, ou já não sei o que dizer"*[3].

O mestre ficou admirado e ainda disse: *"Creio que esta criança nasceu antes de Noé"*; e, virando-se para José, acrescentou: *"Tu o conduziste para que eu o instruísse,*

---

3. Cf. *Evangelho do Pseudo-Tomé*, 6-7.

uma criança que sabe mais que todos os doutores". E a Maria Zaqueu disse: *"Teu filho não precisa de nossos ensinamentos"*[4].

Segundo professor: desafio e morte

O tempo passou, e José, percebendo a inteligência de seu filho, mas que crescia analfabeto, resolveu procurar para ele um outro professor, que se prontificasse a ensiná-lo.

No primeiro dia de aula, esse professor, que já conhecia a fama do Menino Jesus e dele tinha medo, disse-lhe: *"Ensinar-te-ei em primeiro lugar as letras gregas; depois, as hebraicas"*. Depois de escrever o alfabeto, o professor se ocupou com o novo aluno por um longo tempo sem obter nenhuma resposta de seus lábios. Finalmente, o Menino Jesus lhe disse: *"Se és mestre de verdade e conheces perfeitamente as letras, diga-me primeiro qual é o valor de alfa e então eu te direi qual é o de beta"*. Irritado, o professor então lhe bateu na cabeça. Quando o Menino Jesus sentiu a dor, amaldiçoou-o. Imediatamente, o professor desmaiou e caiu de bruços no chão, morto.

O Menino Jesus voltou para a sua casa. José, pesaroso, ordenou a Maria que não o deixasse sair de casa, pois todos aqueles que o aborreciam eram acometidos de morte[5].

---

4. Cf. *Evangelho árabe da infância*, 47.
5. Cf. *Evangelho do Pseudo-Tomé*, 14.

Terceiro professor: aula e retorno para a casa

Mais um tempo se passou. Um amigo íntimo de José, que era professor, disse-lhe: "*Leva teu filho à escola. Talvez com delicadeza eu possa ensinar-lhe as letras*". José replicou: "*Se te atreve, irmão, leva-o contigo*". Com receio e preocupação, esse professor levou o Menino Jesus para a sua escola.

No primeiro dia de aula, o Menino Jesus entrou impetuosamente na sala de aula e encontrou um livro colocado sobre a carteira. Pegou-o, e, sem parar para ler as letras que nele estavam escritas, abriu sua boca e começou a falar levado pelo Espírito Santo, ensinando a lei aos presentes que o escutavam. E uma grande multidão, que se havia juntado, ouvia-o cheia de admiração pela maravilha da sua doutrina e pela clareza de suas colocações, considerando que era uma criança que assim lhes falava.

José, quando soube do fato, encheu-se de medo e correu imediatamente até a escola, receando que também aquele professor pudesse ter o mesmo fim do anterior. O professor, porém, disse a José: "*Saiba, irmão, que recebi esse menino como se fosse um aluno comum e acontece que está sobejando graça e sabedoria. Leva-o, por favor, para tua casa*".

Ao ouvir essas palavras, o Menino Jesus sorriu e disse ao professor: "*Agradeço a ti, por haveres falado com retidão e dado um testemunho justo; será curado aquele que anteriormente foi castigado*". E naquele momento o professor que havia caído desmaiado e estava enfermo foi curado. José pegou o Menino Jesus e eles foram para casa[6].

6. Cf. Ibid., 15.

Entre os doutores do templo: explicação das Escrituras e louvor a Maria

Aos doze anos de idade, o Menino Jesus foi levado pelos pais a Jerusalém para participar da Festa da Páscoa. Quando as festas terminaram, eles voltavam, mas o Menino Jesus retornou a Jerusalém, enquanto seus pais pensavam que o encontrariam na comitiva. Depois do primeiro dia de marcha, puseram-se a buscá-lo entre os seus parentes. Mas, não o encontrando, preocuparam-se muito e voltaram a Jerusalém para procurá-lo.

Finalmente, depois do terceiro dia, o encontraram no templo, sentado em meio aos doutores, aos velhos e aos sábios dos filhos de Israel, escutando-os, fazendo e respondendo a perguntas sobre diferentes pontos da ciência.

E o Menino Jesus lhes perguntou: *"De quem é filho o Messias?"* E eles responderam: *"Este é Filho de Davi"*. Jesus respondeu: *"Por que então Davi, movido pelo Espírito Santo, chama-o de Senhor, quando diz: "O Senhor disse ao meu Senhor: Senta-te à minha direita para que eu coloque teus inimigos aos teus pés?"* Então, um importante rabino interrogou-o, dizendo: *"Leste os livros sagrados?"* E o Menino Jesus respondeu: *"Eu li os livros e o que eles contêm"*. E ele explicava-lhes as Escrituras, a lei, os preceitos, os estatutos, os mistérios que estão contidos nos livros das profecias, que a inteligência de nenhuma criatura pode compreender. E o principal entre os doutores disse: *"Eu jamais vi ou ouvi tamanha instrução; quem credes que seja esta criança?"* Todos estavam atentos a ele e admiravam-se de ver que, menino como era, deixava os anciãos e mestres do povo sem palavras, averiguando os principais pontos da lei e as parábolas dos profetas.

Enquanto assim falavam, Maria interpelou o Menino Jesus com as seguintes palavras: *"Meu filho, por que agiste assim conosco? Teu pai e eu te procuramos, e tua ausência causou-nos muita aflição"*. Ele respondeu: *"Por que me procuráveis? Não sabíeis que convinha que eu permanecesse na casa de meu Pai? Não sabias acaso que devo ocupar-me das coisas que se referem ao meu Pai?"* Mas eles não entendiam as palavras que ele lhes dirigia. Então, os doutores perguntaram a Maria se ele era seu filho, e ela, tendo respondido que sim, eles exclamaram: *"Ó feliz Maria, que deste à luz tal criança. Feliz de ti entre as mulheres, já que o Senhor teve por bem bendizer o fruto do teu ventre, porque semelhante glória, virtude e sabedoria não ouvimos nem vimos jamais"*.

E o Menino Jesus se levantou e seguiu seus pais para Nazaré, e a eles era obediente em tudo. E sua mãe conservava todas as suas palavras em seu coração. E o Senhor Jesus crescia em tamanho, em sabedoria e em graça diante de Deus e diante dos homens[7].

Entre filósofos de Jerusalém: aula de metafísica, hiperfísica e ciência

Um filósofo, sábio em astronomia, perguntou ao Menino Jesus se ele havia estudado a ciência dos astros. E Jesus, respondendo a ele, expôs o número de esferas e de corpos celestes, sua natureza e sua oposição, seu aspecto trinário, quaternário e sextil, sua progressão e seu movimento de leste para oeste, o cômputo e o

---

7. Cf. *Evangelho árabe da infância*, 49-52. • *Evangelho do Pseudo-Tomé*, 19.

prognóstico e outras coisas que a razão de nenhum homem escrutou.

Outro filósofo, sábio em medicina e ciências naturais, perguntou ao Menino Jesus se ele havia estudado a medicina. E Jesus lhe expôs a física, a metafísica, a hiperfísica e a hipofísica, as virtudes do corpo e os humores e os seus efeitos, o número de membros e de ossos, de secreções, de artérias e de nervos, as temperaturas, calor e seco, frio e úmido, e quais as suas influências; quais as atuações da alma no corpo, suas sensações e suas virtudes, a faculdade da palavra, da raiva, do desejo, sua composição e dissolução e outras coisas que a inteligência de nenhuma criatura jamais alcançou. Então, o filósofo ergueu-se e adorou o Senhor Jesus, exclamando: *"Senhor, daqui em diante serei teu discípulo e teu servo"*[8].

Entre soldados: explicação de sua ascendência divina e temporal

Certa vez, o Menino Jesus estava sentado tranquilamente junto a um poço e diante de dois soldados que conversavam e riam. Um deles lhe disse: *"Menino, de onde vens? Para onde vais? Como te chamas?"* E o Menino Jesus, querendo se dar a conhecer, respondeu a ele: *"Se eu te disser, não serás capaz de compreender-me"*. O soldado perguntou-lhe novamente: *"Teu pai e tua mãe ainda vivem?"* Jesus respondeu: *"Com certeza, meu Pai vive e é imortal"*. O soldado perguntou: *"Como? Imortal?"* E o Menino Jesus explicou: *"Sim, é imortal desde o princípio,*

---
8. Cf. *Evangelho árabe da infância*, 50-51.

e a morte não tem poder sobre Ele". Então, o soldado continuou: *"Quem é este que viverá sempre e além dele, já que a morte não tem poder algum, e que teu Pai tem a imortalidade garantida?"* Jesus respondeu: *"Não serias capaz de conhecê-lo nem de ter uma ideia aproximada dele"*. E o soldado ainda perguntou: *"Quem pode vê-lo?"* Jesus respondeu: *"Ninguém"*. O soldado questionou: *"Onde está teu Pai?"* Jesus respondeu: *"No céu, acima da terra"*. O soldado acrescentou: *"E tu, como poderás ir junto dele?"* Jesus respondeu: *"Já estive ali e ainda agora estou em sua companhia"*. O soldado admitiu: *"Não sou capaz de compreender o que dizes"*. Jesus reforçou: *"É por isto que é indizível e inexplicável"*. O soldado perguntou: *"Então quem pode entendê-lo?"* Jesus respondeu: *"Se mo pedires, explicar-te-ei"*. Então, o soldado disse: *"Diga-me, Senhor, eu te peço"*. E o Menino Jesus contou para os dois soldados a sua ascendência divina e temporal, no seio de Maria. Os soldados aceitaram suas explicações e o Menino Jesus se despediu deles[9].

Com sua mãe: questionamentos sobre a discriminação da mulher

No *Evangelho secreto da virgem*[10], Maria conta a João que, quando Jesus tinha sete anos, estando José fora da aldeia, e ela, em casa, ouviu-se uma grande gritaria. O menino estava preparando umas madeiras na oficina, cumprindo a incumbência dada por José. O Menino Je-

---
9. Cf. *Evangelho armênio da infância*, 28.
10. Cf. *Evangelho secreto da Virgem*, apud FARIA, J.F. *História de Maria, mãe e apóstola de seu Filho, nos evangelhos apócrifos*, 2. ed. Petrópolis: Vozes, 2006, p. 88-92.

sus havia apenas começado a ajudar o pai e a aprender o ofício de artesão, como faziam todos os meninos de sua idade, no campo, com o gado ou, como era o caso deles, na própria casa.

A gritaria era muito grande, relata Maria: "não pudemos evitar ir à rua para ver o que acontecia. Ele estava junto a mim. Quase no mesmo instante, passou uma comitiva diante de nossa porta. Um grupo de homens levava aos empurrões uma mulher rua abaixo, até os limites do povoado. A mulher, Séfora, era conhecida nossa. Era uma vizinha que vivia na parte alta do povoado e com a qual não tínhamos muito trato, porém a conhecíamos. Seus filhos não brincavam muito com Jesus e seus amigos e, em algumas ocasiões, chegaram a brigar com ele, como acontece entre as crianças. Atrás do primeiro grupo, a alguns passos de distância, ia outro, mais numeroso, cheio de mulheres. Não houve necessidade de perguntar nada, pois uma vizinha já interrogava um dos componentes do grupo: 'Que aconteceu? Para onde a estão levando?' Na verdade, a resposta era óbvia: 'Pegaram-na em adultério', respondeu um homem, 'e vai receber o castigo que a lei estabelece para aquelas que enganam seus maridos'. O rabino – já não era o bom ancião que tivemos no povoado durante anos – ditou a sentença: 'que seja apedrejada. Assim servirá de lição a outras, que se aproveitam do fato de seus maridos estarem fora, trabalhando ou padecendo sob o jugo romano, para se portarem como rameiras'. De fato, Séfora enganava o marido com um vizinho e aproveitava quando ele ia ao campo para receber o outro em casa. Finalmente, chegaram rumores ao enganado, que, preparando uma armadilha, pegou os dois no pior momento.

Eu estremeci. Não havia passado tanto tempo desde que estive a ponto de me encontrar numa situação semelhante, ainda que por motivos absolutamente diferentes. O menino estava junto a mim, agarrado às minhas saias, e olhava curioso o desfilar da comitiva. Deve ter percebido alguma coisa porque disse, olhando-me muito sério como um homenzinho que saísse em minha defesa: 'Mãe, não te preocupes, contigo nada acontecerá'. Logo em seguida, sem dar-me tempo de responder nem de me recompor da surpresa ante o que acabara de ouvir, o Menino Jesus disse: 'Vão matá-la? E o que farão com o homem que estava com ela? Que acontecerá com seus filhos?'

Peguei-o e nos metemos dentro de casa. Fechei a porta e, enquanto o tumulto se afastava rua abaixo, sentei-o a meu lado, e lhe disse: 'Que tu sabes sobre o teu nascimento?' Vi, de novo, a surpresa estampada em seu rosto, e um certo incômodo, como se eu estivesse perguntando algo óbvio, algo evidente que o fazia se sentir pequeno ao ter que falar sobre isso. 'Mãe', perguntou-me, tentando fugir da resposta, 'por que as mulheres que fazem algo mau são castigadas e os homens não? Será que só o que a mulher faz é errado e o homem pode fazer o que quiser?' Eu insisti: 'Filho, logo falaremos disso, mas, antes, dize-me, o que sabes do teu nascimento? Algum rapaz da aldeia te contou algo? Os outros meninos te provocam?'

Quando viu que não conseguiria me distrair falando de outra coisa, aceitou responder a minhas perguntas. Disse-me que sabia que Deus era seu Pai e sobre sua concepção não saberia responder. Inclusive perguntou-me se havia acontecido algo extraordinário. Apenas insistiu em dizer que Deus era seu Pai e que José também o era, mas de outra maneira. Logo, um pouco constrangido, voltou a perguntar o porquê do castigo que se dava à mulher surpreendida em adultério.

Compreendi que o mistério ainda não lhe fora revelado em sua plenitude, porém pouco a pouco a borboleta estava saindo da crisálida e não demoraria muito para compreender quem era e para que tinha vindo. Compreendi e me assustei. Era um menino, um menino de sete anos. Era frágil demais para meter-se na luta no mundo dos homens. Assim, pedi a Deus que lhe desse mais tempo antes que iniciasse a missão que o anjo anunciara e o velho Simeão profetizara no templo. Mas não tive tempo de refletir. Jesus me sacudia, inquieto, repetindo a pergunta cuja resposta era urgente para ele. Assim, tive que lhe dizer alguma coisa.

Primeiro, tentei dar-lhe uma resposta que nem a mim satisfazia: 'Fazem isso, para que sirva de exemplo a outras mulheres, evitando que enganem seus maridos'. 'Por que, então, aos maridos não fazem o mesmo para que sirva de exemplo e ninguém engane sua mulher? Os homens podem pecar e as mulheres não?', replicou.

Já sabes, João, que em nosso povo se diz que o importante é encontrar a pergunta adequada e não a resposta. Meu filho era um autêntico israelita que sabia levar com garra o fio da questão até encontrar o que estava procurando. Assim, não tive outro remédio senão continuar respondendo a suas perguntas. Tentei o sentido tradicional, que todos empregam para justificar a diferença do trato entre o homem e a mulher, quando compreendi que aquilo não provinha de Deus e que, portanto, eu não devia dizer nem escutar. Então afirmei: 'São costumes antigos que algum dia Deus fará com que mudem. Na verdade, filho, o pecado é o mesmo no homem e na mulher, pois se ela faz mal enganando seu marido com outros homens, ele faz o mesmo com respeito à sua esposa. Todos deveriam sofrer o mesmo castigo e este não deveria ser, em nenhum caso, tão terrível, embora não se possa ignorar o delito como se nada tivesse ocorrido'.

Aquela resposta pareceu deixá-lo satisfeito. Com um gesto rápido, como se, de repente, seu interesse mudasse de objetivo, me abraçou, me beijou e disse: 'Seja como for, menos mal que a ti não aconteceu nada'. E ele foi para a rua a fim de procurar seus primos.

O beijo ainda me acariciava o rosto e ele já não estava comigo. Mas estavam suas últimas palavras, semelhantes às que me havia dirigido no princípio de nossa conversa. Evidentemente, Deus lhe havia contado algo e ele queria falar ou quem sabe não conseguira entender, limitando-se a intuições que mais tarde se tornariam conscientes. Talvez eu devesse tentar ajudá-lo a compreender, falando com clareza de sua origem. Às vezes dava-me medo e vergonha. E José, naquela ocasião, não me serviu muito, porque ele se atrevia menos do que eu a dizer algo, e muito menos a opinar sobre o que devia ser dito. Decidimos esperar um pouco mais e continuar atentos ao que se passava na alma de nosso filho.

O que se passava, no entanto, para nós era um mistério. O menino era tão normal que aparentemente nada acontecia. Nada, até que de repente ocorria alguma coisa. Poucos meses após o caso de Séfora, estava eu recolhendo água na fonte que existe na parte baixa do povoado, junto ao caminho, e ele estava comigo. Tinha completado oito anos e era muito forte, ajudando-me nesta e em outras tarefas da casa, embora já começasse a ir à sinagoga com o pai e a ouvir os outros meninos dizer-lhe que não deveria fazer trabalho de mulheres."

Considerações

A inusitada afirmação de um dos mestres do Menino Jesus, diante de sua sabedoria: "não posso suportar o voo de sua inteligência", resume a intenção dos apócrifos da infância em relação ao Menino Jesus. Ele não precisou estudar, pois já tinha o conhecimento das letras vindo de Deus. O voo do seu conhecimento era tão alto que os mestres não eram capazes de acompanhá-lo. Com maestria, ele discutia com professores, doutores do templo, filósofos e até soldados romanos. No tempo em que estudar se restringia a conhecer a língua, interpretar textos, compreender a origem divina do ser humano e aprender boas maneiras de convivência social e familiar, o Menino Jesus fora capaz de discutir, explicar letras para adultos, demonstrar a sua condição de Filho de Deus, sua humanidade e sua divindade. No episódio dos soldados, vale lembrar que, nos evangelhos canônicos, será um centurião romano que, diante da cruz, vai afirmar que realmente ele, Jesus, era o Filho de Deus (Mc 15,39).

Com medo da influência gnóstica no cristianismo, que ensinava que a salvação era adquirida pelo conhecimento, os evangelhos canônicos se limitaram a narrar o fato da presença do Menino Jesus, no Templo de Jerusalém, discutindo com os doutores da lei (Lc

2,41-50), de modo a enaltecer sua figura divina, no contexto histórico do templo.

Outro detalhe que nos chama a atenção, em relação à sabedoria do Menino Jesus, é o questionamento dele com sua mãe sobre a discriminação da mulher. Como nos canônicos (Jo 8,1-11), estamos diante uma mulher pega em flagrante cometendo adultério. O Jesus adulto, ensinando perto do Templo de Jerusalém, recebe dos mestres da lei e fariseus uma mulher adúltera. Jesus deveria dar o seu parecer diante da lei que previa o apedrejamento (Lv 20,10; Dt 22,22). Na verdade, na época de Jesus, as lideranças judaicas já não tinham mais autoridade para aplicar essa lei antiga, mas somente os romanos, caso julgassem oportuno.

No contexto canônico, Jesus questiona os acusadores, perguntando pelos seus erros, e libera a mulher com o ensinamento de que ela deveria seguir o seu caminho em um novo estilo de vida. Ir e não pecar mais. Os acusadores deixam suas pedras e saem, sentindo-se pecadores, sem ter, ao menos, a competência para julgar o caso.

No contexto apócrifo, temos uma criança perguntando por um costume e querendo entendê-lo. Maria, como boa pedagoga, dá a resposta exata na medida certa para a criança. O Menino Jesus fica contente com a resposta. Maria não foi além do que ele precisava saber. Por outro lado, esse fato evidencia a questão da discriminação da mulher no tempo de Jesus e no judaísmo. O pecado do adultério recaía mais sobre a mulher, pois ela era objeto de compra na relação matrimonial. A lei previa casos em que um homem pego em adultério também devia morrer, juntamente com a mulher (Lv 20,10-12). No tempo dos rabinos, a mulher tinha dez direitos, a saber: comida; veste; relação sexual; assistência médica; libertação de um cativeiro; sepultura; no caso de viuvez, ter as filhas cuidadas pelos parentes do marido; casar de novo com os parentes do falecido marido; oferecer os dotes previstos na *ketubáh* (documento de matrimônio) para os filhos homens; fazer uso das regalias prescritas na *ketubáh*. Ironicamente, os homens tinham "somente" três direitos, a saber: comprar a mulher; uso e fruto dos bens e patrimônio da mulher, enquanto durasse o matrimônio; herança da mulher. A mulher era vista como objeto e o homem tinha suas regalias na administração do bem adquirido. Ter uma mulher flagrada em adultério era uma desonra para o homem. Acrescente-se a isso a ligação da prostituição com a mulher.

No cristianismo, Madalena, sem nunca ter sido, foi feita prostituta para servir como exemplo de modelo de santidade e de arrependimento[11]. As perguntas do Menino Jesus: "Mãe, por que as mulheres que fazem algo mau são castigadas e os homens, não? Será que só o que a mulher faz é errado e o homem pode fazer o que quiser?" colocam em discussão a lei que não garante a vida. O posicionamento do Jesus adulto está em consonância com a criança que, já cheia da sabedoria divina, aponta um novo caminho para uma relação mais integrada entre o homem e a mulher. A temática, diga-se de passagem, é muito atual.

---

11. Cf. FARIA, J.F. *As origens apócrifas do cristianismo – Comentário aos evangelhos de Maria Madalena e Tomé*. 2. ed. São Paulo: Paulinas, 2004.

13

Adolescência e juventude de Jesus

Assim como os evangelhos canônicos, os apócrifos pouco ou quase nada dizem sobre a adolescência de Jesus. Encontramos alguns relatos isolados, que passamos a descrever.

Maria lhe diz: "O que queres da tua vida?"

Assim que o Menino Jesus entrou na fase da adolescência, a sua mãe Maria, preocupada com o seu futuro, o alertou: *"Meu Filho, como você não passa de um menino, mas também não é ainda uma pessoa mais velha, temo que lhe aconteça alguma desgraça"*. Jesus lhe respondeu: *"Teus temores, minha mãe, não são de todo razoáveis, pois eu sei muito bem tudo o que deve me acontecer"*. E Maria ainda acrescentou: *"Não sinta pena pelo que acabo de dizer-lhe, mas estou rodeada de fantasmas e não sei o que fazer"*.

Jesus perguntou: *"E o que pensas fazer comigo?"* Maria enfatizou: *"O que me preocupa é nós termos nos empenhado ao máximo para que aprendas durante a tua infância todos os ofícios, e até agora não fizeste nada nesse sentido nem te interessaste por nada. E agora que já estás mais crescidinho, que preferes fazer e como queres passar a tua vida?"*

Indignado ao ouvir essas palavras, Jesus disse à sua mãe: *"A tua fala não procede. Será que não entendes os sinais e prodígios que faço diante de você, para que possas ver com teus próprios olhos? Ainda não acreditas em mim depois de tanto tempo que estou vivendo contigo? Observa meus milagres, considera tudo o que tenho feito e tem paciência durante algum tempo, até que vejas realizadas todas as minhas obras, pois a minha hora ainda não chegou. Enquanto isto, mantém-te fiel a mim"*. E depois de dizer isto, Jesus saiu apressadamente de casa[1].

O jovem Jesus chora e encomenda o corpo de seu pai, José

Quando José completara 111 anos, tendo seu corpo já debilitado, um anjo anunciou-lhe que a sua morte se daria naquele ano[2]. O espírito de José ficou apreensivo. Ele foi a Jerusalém, entrou no templo, ajoelhou-se e rezou, pedindo a Deus que o seu anjo estivesse com ele no momento em que a alma deveria sair do corpo e voltar para Deus, de modo que a separação fosse feita sem dor. Que a sua viagem fosse tranquila, não sendo a sua alma retida pelo porteiro do inferno.

Ao voltar de Jerusalém, José foi acarretado de uma doença que o levaria à morte. Ele perdeu a vontade de

---

1. Cf. *Evangelho armênio da infância*, 25.
2. Os relatos que seguem sobre a morte de José e intervenção do jovem Jesus se encontram em "História de José, o carpinteiro", e foram compiladas por nós em um único relato.

comer e beber. Sentiu vacilar a habilidade no desempenho de seu ofício. Em Nazaré, suas lamentações continuaram. Como o Profeta Jeremias e Jó, José se lamentou do dia em foi gerado, do seio que o amamentou, da sua língua, pés, mãos, estômago e corpo.

E quando José estava proferindo essas palavras, Jesus entrou no seu quarto e disse-lhe: "*Salve, José, meu querido pai, ancião bondoso e bendito!*" José respondeu a Jesus, enaltecendo-o na sua bondade. Contou como foi a sua vinda ao mundo, como custou para acreditar no seu nascimento virginal. Lembrou-lhe também do dia em teve que puxar as orelhas de Jesus, como repreensão. José pediu perdão a Jesus e professou a fé nele como filho de Deus e de homem.

Jesus, ao ouvir os lamentos de José, não se conteve e chorou. E chegou a pensar na morte de cruz que estava reservada para ele. Jesus chamou Maria, sua mãe. Ela entrou no quarto de José e se colocou a seus pés. José suplicava que eles dois não o abandonassem. José tocou o peito de Jesus e a febre o abandonou. Maria, ao tocar os pés de José, percebeu que ele estava para morrer. Chamou os outros filhos para conversar pela última vez com ele. Lísia lembrou-lhes que a enfermidade de José era a mesma que provocou a morte de sua mãe. Todos os filhos de José prorromperam em lágrimas.

Naquele momento, satanás e sua corte vieram em direção a José em busca de sua alma. Jesus, e somente Ele – Jesus, vendo-os, expulsou-os daquele lugar. Eles se puseram em fuga, envergonhados e confusos. Jesus, então, rezou a Deus, pedindo que enviasse um coro de anjos juntamente com os anjos Miguel e Gabriel para acompanhar a alma de José até o paraíso. Jesus também rogou a Deus misericórdia para o seu pai.

Quando José deu o último suspiro, Jesus o beijou. Os anjos tomaram o seu corpo e o envolveram em lençóis de seda. Jesus fechou os olhos e a boca de José. Depois disse à sua mãe: *"Ó Maria, minha mãe, onde estão os trabalhos de artesanato que ele fez desde sua infância até agora? Todos eles acabaram neste momento, como se ele nunca tivesse sequer vindo a este mundo"*. Quando os filhos de José ouviram Jesus dizer isso a Maria, perguntaram: *"Então nosso pai morreu, sem que nós o percebêssemos?"* Jesus lhes respondeu: *"Sim, na verdade está morto; mas sua morte não é morte e sim vida eterna"*. E quando Jesus disse a seus irmãos que José tinha morrido, esses se levantaram, rasgaram suas vestes e choraram por longo tempo. Era o dia 26 do mês de Abib, uma manhã de domingo, equivale ao dia 20 de julho do ano 42 do nosso calendário.

Assim que os habitantes de Nazaré e toda a Galileia tiveram notícia da morte de José, acorreram todos em massa à casa dele. Aí ficaram velando o corpo até as três horas da tarde. Nessa hora, Jesus despediu a todos, derramou água sobre o corpo de José, ungiu-o com bálsamo, rezou por José a Deus a oração que ele mesmo tinha escrito antes de encarnar-se no seio de Maria. Quando Jesus disse amém, veio uma multidão de anjos. Jesus ordenou a dois deles que estendessem um manto para nele depositar o corpo de José e amortalhá-lo.

Jesus colocou as mãos sobre o corpo de José e disse:

"Que o odor fétido da morte não se apodere de ti. Teus ouvidos não sofram corrupção. Não emane podridão de teu corpo. Que a terra não destrua tua mortalha nem tua carne, mas permaneçam intactas e aderentes a teu corpo até o dia dos mil anos. Não envelheçam, ó querido pai, estes cabelos

que tantas vezes acariciei com minhas mãos. E a felicidade esteja contigo. Aquele que tiver o cuidado de levar uma oferenda a teu santuário no dia de tua comemoração, isto é, no dia 26 de Epep, eu o abençoarei com a riqueza de dons celestes. Do mesmo modo, a todo aquele que em teu nome der pão a um pobre não permitirei que ele seja angustiado pela necessidade de qualquer bem deste mundo durante todos os dias de sua vida. Eu te concederei que possas convidar para o banquete dos mil anos a todos aqueles que, no dia de tua comemoração, entregarem um copo de vinho na mão de um forasteiro, de uma viúva ou de um órfão. Dar-te-ei como recompensa, enquanto viverem neste mundo, todos os que se dedicarem a escrever o livro de tua vida e a conservar todas as palavras que hoje saíram de minha boca. E quando abandonarem este mundo, farei que desapareça o livro em que estão escritos seus pecados e que não sofram tormento algum, a não ser a morte, que é inevitável, e o rio de fogo que está diante de meu Pai, para purificar todas as almas. No caso de um pobre que nada possa fazer do que foi dito, mas der o nome de José a um de seus filhos em tua honra, farei com que naquela casa não entre a fome nem a peste, pois, na verdade, teu nome ali habita".

Depois da oração de Jesus, chegaram os anciãos da cidade e os coveiros para preparar o corpo de José para o enterro. Encontraram o corpo já amortalhado e perfumado pelos anjos. Eles levaram, então, José até o túmulo de seu pai, Jacó, para ser enterrado. O jovem Jesus não se conteve e chorou longamente sobre o corpo de José. Mais tarde, ele diria a seus discípulos: *"Naquele momento, veio-me, então, à mente a recordação do dia em que me levou ao Egito e das grandes tribulações que ele suportou por mim. Entreguei a Miguel e a Gabriel a alma de meu que-*

rido pai José, para que a guardassem dos salteadores que infestam os caminhos e encarreguei os anjos incorpóreos de cantar louvores contínuos, até que a transportassem ao céu, junto de meu Pai".

Fim das histórias sobre a infância e juventude de Jesus

Após a morte de José, tudo indica que o jovem Jesus continuou os trabalhos na carpintaria, ofício que aprendera do pai, ficando com a sua clientela. Os seus irmãos se casaram, inclusive Tiago, e Jesus permaneceu com Maria, sua mãe, até a idade de 30 anos, quando iniciou, na vizinha cidade de Caná, em uma festa de casamento, a sua vida pública, a pedido de sua mãe[3]. Foi nesse episódio, após os criados se apresentarem a Jesus, solicitando-lhe que transformasse água em vinho a pedido de Maria, que Jesus respondeu: *"Quem consegue resistir ao pedido de uma mãe? O melhor será atendê-la o quanto antes, porque senão irá insistir até conseguir o que quer".*

Já para o *Evangelho árabe da infância*[4], após o encontro do Menino Jesus com os doutores, no Templo de Jerusalém, ele, o Menino Jesus, começou a esconder os seus segredos e seus mistérios, até que completou trinta anos, quando seu Pai, revelando publicamente sua missão às margens do Jordão, fez soar, do alto do céu,

---

3. Cf. *Evangelho secreto da Virgem,* apud FARIA, J.F. *História de Maria, mãe e apóstola de seu Filho, nos evangelhos apócrifos.* 2. ed. Petrópolis: Vozes, 2006, p. 135-138.
4. Cf. *Evangelho árabe da infância,* 53.

estas palavras: *"É meu filho amado no qual coloquei toda minha complacência"*, e foi quando o Espírito Santo apareceu sob a forma de uma pomba branca.

Considerações

O lado oculto da vida de Jesus, dos doze anos ao início de sua pregação, já com trinta anos, nem mesmo os apócrifos têm uma palavra. Muitas conjecturas foram feitas ao longo dos anos. Uns dizem que ele tenha vivido e aprendido com os mestres tibetanos, na Índia, tendo aprendido com o budismo. Tudo isso não passa de especulações. Ademais, admitir isso é aceitar que Jesus não era divino, deus encarnado. E, além disso, que o cristianismo recebeu mais influência do budismo que do judaísmo. É o que tenta demonstrar o teólogo alemão Holger Kersten, em seu livro publicado recentemente no Brasil, *Jesus viveu na Índia* (Ed. Best Seller). Na verdade, nunca saberemos ao certo o que terá ocorrido com Jesus nessa fase de sua vida.

14

A modo de conclusão

Ao chegar ao final dos relatos sobre a infância apócrifa do Menino Jesus, muitas inquietações permanecem. Mesmo diante de tantas histórias inusitadas para muitos de nós, aqui apresentadas, jamais poderemos afirmar categoricamente como foi a infância de Jesus. Estamos diante de relatos, na maioria deles, tardios, e compilados no auge das disputas teológicas sobre a divindade e a humanidade de Jesus.

Muitos homens e mulheres de igreja ainda continuarão afirmando que os apócrifos da infância são meras fantasias. E, além disso, insistindo na clássica pergunta: se os relatos apócrifos não foram importantes para a tradição apostólica que definiu a lista dos livros inspirados, por que deveríamos conceder-lhes crédito? Perguntas e inquietações como essas permanecerão sempre. Por outro lado, seremos ecumênicos com os cristianismos antigos, por inúmeros motivos, perdidos no tempo, se os relermos de modo crítico, histórico e, por que não, como testemunhos de fé, mesmo que exagerados. Claro que, com isso, não passaremos a professar a fé em um Menino Jesus malvado, que mata, mas em um menino travesso como nossos filhos, sim.

A preocupação dos autores dos evangelhos canônicos foi a de demonstrar que Jesus era o messias, o ungido. Ele morreu e ressuscitou, e isso basta. O lado humano de Jesus seria irrelevante diante desse fato extraordinário. A literatura apócrifa nasceu com o objetivo de trazer à luz o lado esquecido de Jesus. O fato de essa literatura ser posterior aos canônicos não deveria ser critério para dizer que ela não pode ser considerada verdadeira. Tampouco a literatura canônica deveria ser considerada fidedigna, caso não se leve em consideração o sentido de história que os textos bíblicos representam.

Alguns relatos apócrifos da infância têm versões diferentes. Após termos percorrido uma longa trajetória, entre fatos e histórias apócrifas, ousamos responder, a partir desses relatos, à pergunta: Quem era, de fato, o Menino Jesus?

Um menino como os outros e lindíssimo. Mesmo sendo Deus encarnado, Jesus foi criança como todas as outras, brincava, realizava travessuras, teve raiva de outras crianças, sentia dor e compaixão. Maria, escrevendo ao Apóstolo João, afirmou: *"À primeira vista, Jesus era um menino como os outros. Bem, não exatamente como os outros, porque era lindíssimo. Alguns dirão, João, que eu exagero e que é paixão de mãe. Porém, tu, que o amavas quase tanto quanto eu, sabes que meu filho era de verdade muito formoso, embora o tivesses conhecido já como homem, enquanto eu tive a imensa felicidade de vê-lo crescer dia a dia* *ao meu lado. Jesus era um menino como os outros, ao mesmo tempo bem diferente. Brincava, como todos, porém ria mais do que todos. Era ele que mais facilmente se tornava chefe de sua turma, mas se negava a isto quando tinha que enfrentar outro menino que aspirava ao mesmo objetivo. Assim foi reunindo um grupo de amigos que tinham outros gostos e não consideravam diversão brincar de matar romanos e atirar pedras nos ninhos ou fazer travessuras nos campos semeados. Um desses amigos fiéis foi o seu primo Tiago, que muitos acreditavam ser seu irmão, porque se pareciam muito e andavam sempre juntos. Isso, porém, não era o mais significativo. Seu domínio interior e uma espécie de superioridade que ele não reivindicava e pela qual não lutava eram notados por todos. José e eu víamos outras coisas que nos advertiam de que, por trás da aparente normalidade, estava se preparando a aparição pública do Messias"*[1].

Farol luminoso para a sua família e obediente. Quando José ia a festas, todos da família iam juntos, seus filhos do primeiro casamento e Maria. As irmãs de Maria também iam com eles. Quando estavam juntos para comer, o Menino Jesus sempre abençoava os alimentos e era o primeiro a começar a comer e beber. Se o Menino Jesus não estava presente, eles esperavam a sua chegada. Quando Jesus fazia jejum, todos também faziam. Para os seus irmãos, José e Maria, Jesus era como um farol luminoso. Eles o respeitavam muito. Quando dormiam, o esplendor de Deus brilhava sobre

---

1. Cf. "Evangelho secreto da Virgem", apud FARIA, J.F. *História de Maria, mãe e apóstola de seu Filho, nos evangelhos apócrifos*. 2. ed. Petrópolis: Vozes, 2006, p. 85.

o seu corpo[2]. Os relatos apócrifos também ressaltam, assim como os canônicos, que o Menino Jesus era obediente aos seus pais em tudo. Ele ajudava Maria nas tarefas domésticas. José e Maria sempre davam graças a Deus por todas as coisas que haviam visto e ouvido do Menino Jesus.

Um menino com os mesmos poderes do adulto. Os relatos apócrifos da infância procuraram repetir atitudes e atos realizados pelo Jesus adulto, de modo a demonstrar que se tratava da mesma pessoa, que não precisou se descobrir filho de Deus, mas, de fato, o era, com todas as prerrogativas inerentes. Como vimos, o Menino Jesus faz com que um grão semeado gere uma colheita abundante, fato que lembra a multiplicação dos pães; foi aclamado rei por outras crianças, relembrando a sua entrada triunfal em Jerusalém; ressuscita mortos, assim como ressuscitou Lázaro, seu amigo de infância; transforma crianças em ovelhas, que se colocam ao seu lado, como o bom pastor adulto; realiza inúmeros milagres e curas; age com autoridade diante de pessoas e fatos, etc. Jesus menino tem os mesmos poderes do adulto, Jesus de Nazaré. À diferença do Jesus adulto, nos seus milagres pueris não entra o exorcismo. Ainda como criança, a sua fama de milagreiro e com poderes divinos ficou conhecida em Jerusalém, nos mais remotos confins de Judá e em todas as províncias. E muitos vinham de longe para render-lhe graça e serem abençoados por ele. E diziam: "*Bem-aventurado o*

---

2. Cf. *Evangelho do Pseudo-Mateus*, 42.

ventre que te carregou e os seios que te amamentaram"[3]. A narrativa apócrifa cumpre o seu papel de confirmar a humanidade e a divindade do Menino Jesus.

Um menino malvado que usou de seus poderes para matar. Muitos relatos apócrifos não são aceitos por nós, por se tratarem de aberrações a que os nossos ouvidos não estão acostumados, mas que poderiam, sim, ter sido realizados pelo Menino Jesus, caso quisesse, pois ele era Deus, já desde pequeno. O grande exagero das narrativas apócrifas é o de afirmar que o Menino Jesus matou pessoas e animais. Nos canônicos, ele mata uma figueira que não dá frutos (Mc 11,12-14.20-21) e porcos que recebem demônios em seus corpos e entram no mar, afogando-se todos (Mc 5,12). Há de se considerar que, nos canônicos, não encontramos relatos sobre Jesus matando e, depois, ressuscitando, como no caso do professor que o desafiou. Todas essas narrativas canônicas e apócrifas cumprem a função de demonstrar que Jesus, por ser Deus, tinha o poder sobre a vida e a morte. É uma questão de divindade. Por outro lado, esse gênero literário não é novidade. Nas biografias de grandes heróis do mundo greco-romano o poder do adulto é também o da criança. Se ele é capaz de fazê-lo como adulto, teria feito o mesmo também quando criança[4]. E ainda vale ressaltar que o encontro do Menino Jesus com os dois soldados romanos relembra a declaração do centurião romano,

---
3. Cf. *Livro da infância do Salvador*, 6.
4. Cf. CHARTRAND-BURKE, T. *The infancy Gospel of Thomas* – The Text, its Origins, an its Transmission. Toronto: [s.e.], 2001, p. 383.

diante da cruz: *"Verdadeiramente este homem era filho de Deus!"* (Mc 15,39). Ademais, diante dos grandes feitos do Menino Jesus, o povo dizia: *"Bendito o que vem em nome do Senhor. Amém"*⁵.

Inteligente e conhecedor de sua origem divina. A inteligência do Menino Jesus era tanta que ele nem precisou frequentar escola. Ele sabia mais que os seus mestres. Ele teve três professores, um o desafiou e morreu, outros dois o devolveram para José, pois não suportavam o voo da sua inteligência. Um deles afirmou que havia procurado um aluno e encontrou um mestre. A terceira tentativa de educar Jesus vingou. Ele permaneceu na escola, após ter sido reconhecido por todos como alguém de poder sobrenatural, divino. Essa conclusão do narrador apócrifo quer, por outro lado, afirmar que o Menino Jesus, mesmo sendo Deus, precisa passar pelo processo normal de aprendizado, assim como todas as crianças. De fato, o *Evangelho da infância de Tomé* relata como o Menino Jesus mudou o seu comportamento depois de frequentar a escola, passando a ter mais atitudes de adulto. O episódio da presença do Menino Jesus no templo, discutindo com os doutores da lei, conservado pelos apócrifos e canônicos, tem o objetivo de mostrar que a sua inteligência é divina. Um filósofo de Jerusalém reconhece a sabedoria de Jesus e promete se tornar seu discípulo e servo. Dois soldados ouvem atentos a explicação do Menino Jesus sobre a sua condição divina. Para o judeu, a presença de dois soldados significa que o testemunho é crível. Maria

---

5. Cf. *Livro da infância do Salvador*, 7.

teve que responder a perguntas e questionamentos do Menino Jesus sobre o procedimento das leis judaicas que condenavam as mulheres adúlteras ao apedrejamento. O cristianismo que se tornou hegemônico não aceitou essas narrativas apócrifas sobre a inteligência de Jesus e sua clareza em relação à sua condição de Filho de Deus pelo fato de elas apresentarem influências do gnosticismo cristão, que propagava a ideia de que o conhecimento salva, sem mérito para os elementos históricos da encarnação de Jesus.

As narrativas apócrifas da infância de Jesus vão conduzindo o leitor a perceber o amadurecimento da criança Jesus. Este nosso ensaio procurou mostrar isso ao agrupar as várias fontes em um único relato, numa sequência histórica. O mais antigo dos apócrifos da infância, *Evangelho da infância de Tomé*, teve essa mesma intuição, ao ligar os fatos à idade do Menino Jesus, desde a sua infância à adolescência. Pena que esse apócrifo foi somente até os doze anos.

As histórias da infância de Jesus, descrevendo-o como um menino travesso, poderoso e malvado, gnóstico e sábio, espalharam-se entre os cristãos para complementar o cristianismo hegemônico, no que tange à divindade e à humanidade de Jesus. A questão não era polemizar, mas clarear essa fase da vida de Jesus que ficou na penumbra, sanando curiosidades dos cristãos. Atente-se ao fato de que a maioria desses relatos é de um período do cristianismo, no qual muitas questões sobre Jesus já se tinham transformado em dogmas de fé, como a trindade.

Os apócrifos da infância devem ser compreendidos no âmbito do imaginário da fé. Muitas dessas histórias de ternura e travessuras são aberrantes, mas não deixaram de reforçar a teologia que se tornou oficial, hegemônica, a vencedora dentre tantos outros modos de conceber e interpretar o evento Jesus Cristo. Aos nossos ouvidos modernos, elas soam escandalosas. Nossos ouvidos estão acostumados a ouvir, e nossos olhos a ler histórias que delinearam um Jesus divino e tão distante de todos nós, que não conseguimos ver um Jesus menino igual às crianças normais, nas travessuras e molequices. O Jesus histórico e da fé não é diminuído com o apócrifo.

Assim, a questão de maior relevância para a não aceitação dos apócrifos da infância é a de que a divindade de Jesus não coaduna com sentimentos humanos, sobretudo os negativos. Nos evangelhos canônicos, Jesus nunca ri. Ele tem compaixão, que é próprio de Deus, com crianças e pobres. Ele é Deus. E a Deus permite-se somente o amor. Deus ama e quer ser amado pelos seus. Isso basta! Essa foi a leitura oficial do evento Jesus, que passou a ser o Cristo, o ungido, o messias.

De posse das narrativas apócrifas da infância de Jesus, torna-se imprescindível concluir que a maioria delas é de cunho aberrante, o que não deverá nos levar a criar um muro, assim como o construído recentemente por Israel, cercando e separando Belém de Jerusalém. As duas literaturas são importantes para a nossa fé.

Cabe aqui, considerando a importância do desafio de derrubar muros reais e ideológicos, fazer a memória do fato inusitado de São Francisco de Assis, aquele que fora considerado o Cristo redivivo, nascido na cidade gêmea de Belém, Assis, na Idade Média, e que, baseando-se na inspiração dos evangelhos apócrifos, inventou um presépio para relembrar o nascimento do Salvador. Num bosque, em Gréccio, na região da bucólica Úmbria italiana, Francisco, juntamente com os camponeses, um boi e um jumento, e uma imagem de barro do Menino Jesus, encenou o nascimento de Jesus. Diz-se que, quando Francisco pegou ao colo a imagem, esta lhe sorriu. O teatro criado por São Francisco ganhou o nome de presépio e se espalhou mundo afora para significar o nascimento singelo de Jesus na manjedoura de Belém. Os dois animais usados por ele, o boi e o jumento, representavam, na mitologia egípcia, as figuras rivais dos irmãos Seth e Osíris. Quisera Francisco, naquele tenebroso inverno de 24 de dezembro de 1223, propor a reconciliação entre os opostos, mesmo tendo a alcunha de irmãos, como no caso dos deuses egípcios, já prefigurado nos irmãos Caim e Abel do livro do Gênesis! Todos os seres humanos, na sua diversidade, são chamados a viver em paz. É o que ensinara o pobre de Assis.

A mitologia egípcia continua viva em dois povos irmãos, israelitas e palestinos, ambos descendentes dos irmãos Ismael e Isaac. O mundo assiste há décadas a briga sem fim entre eles. Quem vai a Belém com certeza será impactado com a construção de um muro cercando a cidade, onde, como vimos, teologicamente nasceu Jesus de Nazaré. Cravado quatro metros abaixo do solo e oito acima, uma vergonha de muro impede que trinta mil palestinos de Belém possam sair de sua terra natal. Belém ficou do outro lado de Jerusalém, cidades embora unidas populacionalmente. Guardas vigiam em torres. Uma vala perto do muro impede qualquer tentativa de fuga. Os palestinos que têm permissão para trabalhar em Jerusalém precisam voltar às 19 horas. Caso contrário, perdem o direito de saída e ficarão presos para sempre em sua própria cidade. Além disso, o belemita que for encontrado em Tel Aviv, em dia de trabalho, também será levado para Belém e perderá a permissão de sair. Após a visita a Belém, o turista passa seguramente por revista, ao entrar novamente em Israel. Tudo é feito para que o turista não retorne a Belém e para que o belemita não emigre para outros países. Belém está desolada. O turismo religioso reduziu-se drasticamente. Inúmeras lojas estão fechadas. O povo de Belém passa por momentos de angústia e sofrimento, sem ter o que comer e sem perspectiva de vida. Na mesma situação estão os palestinos das outras treze áreas cedidas pelo governo israelense, o qual não aceitou a decisão da ONU que considerou ilegal o Muro de Belém. Mesmo assim, renasce um novo muro. De Berlim? Não! De Belém. No entanto, o Ocidente continua calado diante de tamanha atrocidade. São Francisco de Assis, se vivo estivesse, voltaria ao sultão do Egito, Melek-el-Kamel, para propor a paz entre os povos. O Muro de Belém aprisiona um povo, contraria o real sentido do nascimento de seu ilustre filho, Jesus, e este, para cristãos e palestinos que nele creem, é a presença do Deus da paz que veio morar entre nós num presépio.

Tudo isso considerado, há de se afirmar que o grande mérito dos evangelhos apócrifos da infância foi o de dar uma infância a Jesus, nosso Senhor e Salvador. Ele não só cresceu em sabedoria e graça como quisera a comunidade lucana (Lc 2,40), mas se deixou educar, foi moldado e lapidado como qualquer criança, assim como cada um de nós. Quem não teve infância? Infância é travessura e ternura. Infância é saudade de um tempo que não volta mais. Infância é caminho aberto para um futuro incerto. No caso do Menino Jesus, ele se tornou o adulto Jesus de Nazaré, filho de Deus, depois de passar pela experiência de ser uma criança, um Deus-menino, um Salvador a caminho, um menino travesso. Nisso reside o fascínio das histórias apócrifas do Menino Jesus. Nelas estamos todos nós, outros filhos e filhas de Deus em processo.

Referências

ANDERSON, A.F. & GORGULHO, G. *O evangelho da infância*. São Paulo: Cepe, 1993.

CHARTRAND-BURKE, T. *The infancy Gospel of Thomas – The text, its Origins, and its Transmission*. Toronto: [s.e.], 2001.

EHRMAN, B.D. *Evangelhos perdidos* – As batalhas pela Escritura e os cristianismos que não chegamos a conhecer. São Paulo: Record, 2008.

FARIA, J.F. *Apócrifos aberrantes, complementares e cristianismos alternativos: poder e heresias* – Introdução crítica e histórica à bíblia apócrifa do Segundo Testamento. Petrópolis: Vozes, 2009 [Série Comentários aos Apócrifos].

_____. *História de Maria, mãe e apóstola de seu Filho, nos evangelhos apócrifos*. 2. ed. Petrópolis: Vozes, 2006 [Série Comentários aos Apócrifos].

_____. *O outro Pedro e a outra Madalena segundo os apócrifos –* Uma leitura de gênero. 3. ed. Petrópolis: Vozes, 2005 [Série Comentários aos Apócrifos] [Em espanhol: *El outro Pedro y la outra Magdalena según los apócrifos* – Una lectura de género. Estella (Navarra): Verbo Divino, 2005].

_____. *Vida secreta dos apóstolos e apóstolas à luz dos Atos Apócrifos*. 2. ed. Petrópolis: Vozes, 2005 [Série Comentários aos Apócrifos].

_____. *As origens apócrifas do cristianismo* – Comentário aos evangelhos de Maria Madalena e Tomé. 2. ed. São Paulo: Paulinas, 2004.

KLAUCK, H.-J. *Evangelhos apócrifos*. São Paulo: Loyola, 2007.

MORALDI, L. *Evangelhos apócrifos*. São Paulo: Paulus, 1999.

OTERO, A.S. *Los evangelhos apócrifos*. Madri: BAC, 1991.

PAGELS, E. *Os evangelhos gnósticos*. São Paulo: Cultrix, [s.d.].

PIÑERO, A. *O outro Jesus segundo os evangelhos apócrifos*. São Paulo: Paulus/Mercuryo, 2002.

PIÑERO, A.; TORRENTES, J.M. & BAZÁN, F.G. *Textos gnósticos*: evangelios, hechos, cartas. Madri: Trotta, 1999 [Biblioteca de Nag Hammadi, II].

PROENÇA, E. *Apócrifos e pseudoepígrafos da Bíblia*. São Paulo: Fonte, 2005.

RAMOS, L. *São José e o Menino Jesus* – História de José, o carpinteiro e Evangelho do Pseudo-Tomé. Petrópolis: Vozes, 1990.

_____ *Fragmentos dos evangelhos apócrifos*. Petrópolis: Vozes, 1989.

SANTIAGO, M. *Evangelho secreto da Virgem Maria*. São Paulo: Paulus/Mercuryo, 2004.

TILLESSE, C.M. *Extracanônicos do Novo Testamento*. Fortaleza: Nova Jerusalém, 2004.

TRICCA, M.H.O. *Apócrifos* – Os proscritos da Bíblia, I, II, III, IV. São Paulo: Mercuryo.

VAAGE, L.E. "O Evangelho de Tomé da infância de Jesus e outros textos apócrifos – Que menino!" *Ribla*, 58, 2007/3, p. 38-49. Petrópolis: Vozes.

VV.AA. "Apócrifos do Segundo Testamento". *Ribla*, 58, 2007/3. Petrópolis: Vozes.

VERNET, J.M. *Jesus* – Um menino no Egito. Petrópolis: Vozes, 2008.

Site
www.bibliaeapocrifos.com.br

E-mail
bibliaeapocrifos@bibliaeapocrifos.com.br

Conheça os quatro evangelhos apócrifos de Jean-Yves Leloup

O EVANGELHO DE FELIPE
Encontrado nas grutas de NagHammadi, no Alto Egito, este evangelho gnóstico foi utilizado na catequese dos iniciados, apresentando a vida e o ensinamento de Cristo em sua época.

O EVANGELHO DE JOÃO
Apresenta itinerários, chaves de leitura e meditações sobre o nome de Deus e enfatiza a compreensão existencial, mística e atual.

O EVANGELHO DE MARIA
Míriam de Mágdala
Apresenta uma vertente primitiva do Cristianismo pouco explorada sobretudo pela teologia feminista. Este evangelho apócrifo, do século II mostra a importância de Maria Madalena para a edificação da primitiva Igreja: sua intimidade com Jesus, e a reação dos apóstolos.

O EVANGELHO DE TOMÉ
O Evangelho de Tomé complementa os outros evangelhos. Podemos estudá-lo como um convite de Yeshua, o Mestre, a viver a experiência de não-dualidade.

Conecte-se conosco:

f facebook.com/editoravozes

O @editoravozes

X @editora_vozes

▶ youtube.com/editoravozes

◯ +55 24 2233-9033

www.vozes.com.br

Conheça nossas lojas:
www.livrariavozes.com.br

Belo Horizonte – Brasília – Campinas – Cuiabá – Curitiba
Fortaleza – Juiz de Fora – Petrópolis – Recife – São Paulo

EDITORA VOZES | **VOZES NOBILIS** | *Vozes de Bolso* | **Vozes Acadêmica**

EDITORA VOZES LTDA.
Rua Frei Luís, 100 – Centro – Cep 25689-900 – Petrópolis, RJ
Tel.: (24) 2233-9000 – E-mail: vendas@vozes.com.br